金刚经新解

荆三隆 译 高杨 注

陕西新华出版传媒集团
太白文艺出版社

再版说明

荆三隆教授所著的“三隆讲经堂”系列图书，包括《金刚经新解》《百喻经新解》《圆觉经新解》《佛蕴禅思》和《佛道名言品鉴》。其以简明的语言，由浅入深，由此即彼，将佛典中的精华部分一一阐释给读者。自2007年出版以来，该书系一直受到广大读者的喜爱。在此契机下，我们重新打造“三隆讲经堂”系列图书。为了在内容方面尽量保持原貌，根据作者的意见，我们保留了初版和再版时的前言和后记，以反映陆续修订的过程。我们对整套书按照现行的出版要求重新设计、加工，以全新的面貌奉献给广大读者，希望继续关注和喜爱。

目　录

高杨著《金刚经新解》序[①]

黄心川

《金刚经》全称《金刚般若波罗蜜经》，又名《金刚能断般若波罗蜜经》或《能断金刚般若波罗蜜多》，是佛教史上一部极为著名、影响最大的大乘佛教经典。

大乘佛教产生于公元1世纪前后，它是古印度社会、政治发生变革后，原有的部派佛教内部分化的结果。早期大乘佛教提倡般若学说。“般若”是梵语 prajñā 的音译，亦译“波若”“钵罗若”等，意译“智慧”。佛教认为这种智慧是用以成佛的特殊知识，佛教修行之人通过闻思修持，掌握了这种智慧，也就能到达涅槃的彼岸。它也是“六度”（六种过渡到达涅槃的道路或方法）之一。般若的内涵有两种意义：（1）把世界上万事万物或现象都视为实体，称为“诸法实相”；（2）诸事诸物皆为因缘和合而生，无固定不变之自性，名为“缘起性空”，大乘佛教据此还提出了“性空幻有”的理论。他们认为，世俗认识以及认识对象都是虚幻不实的，只有否定或摆脱了世俗的认识，从而把握了“般若性空”之理，才能证悟佛教的真谛。对破除世俗认识的办法，则以“方便说法”为手段，所以性空和方便两大部分构成了般若智慧。般若思想是大乘佛教思想体系的理论基础，在所有大乘经典中，般若类经典约占总数的三分之一。《金刚经》则是其中之一。“金刚”是梵语 Vajra 的意译，转为锐利、摧毁一切之意。般若如同金刚，可以横扫一切虚妄之法，牢固树立佛法之权威。顾名思义，《金刚经》就是阐述摧毁一切不实之法，获得般若智慧的经典。

《金刚经》只有 5000 余字，与我国传统的道家或道教所遵奉的根本经典《道德经》字数大致相同。在般若类经典中，它属于文字较少的一部短经，共有 27 个主题。但是它的内容却很丰富，主要是围绕着“空”义而阐发般若的基本原理，大乘佛教主张的性空无住、方便善巧、实相涅槃和慈悲菩萨等理性都能在经里找到它们的因子。所以它实际上包括了般若思想的精髓，是一部般若思想纲要的典籍。

关于《金刚经》成书的确切年代现已不可考，学术界一般认为它是公元 1 世纪的作品。早期的般若类经典往往以略本出现，字数不多。例如，早期汉译佛经《道行经》等单品经即是如此。《金刚经》也属于这类情况，其条理性不强，结构也不紧凑，这是早期大乘佛教典籍的特点。

公元 402 年《金刚经》由丝绸之路的河西走廊传入内地，著名翻译家鸠摩罗什在后秦王姚兴的支持下，首次把它译成汉文，取名《金刚般若波罗蜜经》。以后北魏菩提流支于 509 年，南朝陈真谛于 562 年先后再度翻译，取名与罗什译本相同。唐代玄奘于 663 年译《大般若波罗蜜多经》，其中卷九七七《第九能断金刚分》即为此经，表明此时《金刚经》已经被收入庞大的《大般若经》中了。703 年义净取名《能断金刚波罗蜜多经》又一次在华译出。短短 300 年间，《金刚经》在中国先后有 6 种译本问世，说明了这部经典的重要性。在藏传佛教藏经甘珠儿部里，还有《金刚经》的藏译本。其梵文本经英籍德裔学者麦克思·谬勒搜集整理，共得到 3 个版本。此外，《金刚经》还被译成日、英、泰等多种文字，因之在世界上也有影响。

《金刚经》的般若性空思想是印度大乘佛教徒在反对部派佛教，特别是反对一切有部的“实有”理论中建立起来的。它问世后，立即受到了印度佛教徒的重视，著名的印度佛教僧人、哲学家无著、世亲等人都对它做过注疏。《金刚经》传入中国，正值中国玄学兴起的时代，中国人认为般若思想方法与玄学可以相通，互为发明，故亦极为重视般若经典。它的出现，满足了思想界之需要，迎合了中国士大夫的心理旨趣，其影响远远超出了印度，围绕其注疏者不乏其人。据载，早在唐初时就已有 800 家注的说法，以后历代硕德名僧都有论及，奉为圣书，留传到现在还有数十种之多。它还引起了统治阶级的重视。开元二十四年（736）唐玄宗在全国颁布了《御注金刚般若经》，把它和儒家的《孝经》、道教的《道德经》相提并论，认为此三经是三家最有代表性的经典。明成祖编了《金刚经集注》，敕令天下读诵奉行。中国佛教各宗派也竞相习诵，并按本宗的需要做了不同的阐发。天台宗用佛性论来注解经文；华严宗附入了他们自己的“真如缘起论”；禅宗以此为心印。宋柏庭善月还将上述几家义理契合，树立了新说。在民间，《金刚经》的影响随处可见，寺院的僧人日常课诵和讲经说法，都依此经，甚至连目不识丁的妇孺也可以背出一段。在一个富有传统文化的文明古国，一部外来经典受到朝野的如此看重，是有着深刻的社会和思想原因的。

《金刚经》除了在宗教哲学和佛教史上占有重要的地位外，对中国古代文化的发展也起过一定的促进作用。伴随着《金刚经》的传播，古代印刷、雕刻、绘画、文学、书法等都不同程度地受其影响。世界现存最早的雕版印刷品是唐咸通九年（868）的《金刚经》木刻本；世界上最早的木刻版画是《金刚经》扉页的佛教绘画；现存规模最大、时间最早的石刻经文之一是山东泰山经石峪的石刻《金刚经》。我们还能见到不少与《金刚经》相关的文学作品，可以欣赏到《金刚经》论疏里的许多优美词句，以及历代名家所书写的《金刚经》的珍贵手迹。此外，《金刚经》对朝鲜、日本、越南等国的佛教和佛教文化也产生过重要的影响，朝鲜的圆佛教即以此经作为该宗的根本经典。它已成为东方国家的共同文化遗产。

历史上我国学者对《金刚经》的研究一直没有中断过，但是这些研究有一些明显的缺陷，主要表现在三个方面：

1. 许多论注都是孤立的逐字逐句的注解，一般都避开社会历史发展的背景，尤其是割裂了与古印度宗教哲学思想的有机联系，有流无源，使人不能对此有一个全面的、历史的了解。

2. 大多数作论疏的人都以宗教信仰为前提，站在本宗或本派的立场，用自己的观点去比附经文，因此必然存在着某些偏颇和附会的错误，使经的原义受到不同程度的篡改或歪曲，甚至面目全非。

3. 一般的注释都不举出重要名词、概念的原始用语，因之看不出语言的差异和词义的变迁，也就无从了解译本的发展脉络和风格。

1949 年新中国成立以后，由于“左”的思想等干扰，我国学界对《金刚经》的研究沉寂了一段时间。1978 年后，学术界开始注意这方面的工作，不少研究成果陆续问世。在这些成果中，有的是梵汉经文的比较研究，有的是从思想史或理论上的阐发。近年来，一些出版社做了《金刚经》的白话今译和古本复印工作。《金刚经》的研究和出版活动正在我国深入地展开。现在太白文艺出版社准备出版高杨教授的遗著《金刚经新解》[②]，对学术界来说又提供了一个重要的成果，对佛教徒来说也扩充了视野，我们为之感到高兴。

高杨教授原名荆又新，1925 年生于山西安邑，1945 年就读于北京师范大学。在学期间曾任北师大第一届学生会总理事、新诗社社长，是一位学习十分勤奋、积极参加爱国社会活动的学生。1950 年在西北大学工作，曾经担任过历史系世界史教研室主任、图书馆馆长等职。另外还被选任南亚学会理事。他知识渊博、治学严谨，熟悉俄、英、日、德、巴利、梵等多种文字，系统地讲授过世界古代史、印度古代史、印度佛教史、印度哲学史等多门课程。在中外刊物上发表过有关哲学、宗教、社会学、西域史、中印关系史等多篇论文，还参加过《中华大百科全书》哲学卷、宗教卷的撰写工作，著述宏富，成果累累，受到了国内外学者的尊敬与好评。1988 年 3 月高杨教授因患绝症逝世，身后留下待出版的几部专著，《金刚经新解》就是其中一部。

传统的治学方法无外乎两种，一是我注六经，二是六经注我。《金刚经新解》可以说是属于前者，和过去的注释相比，我认为它有如下一些特色：

1. 以科学的态度、严谨的学风、实事求是的方法来进行注解。作者摆脱了以往各家出于各种信仰或目的而进行的就事论事的形式，将整部经典纳入佛教发展的历史过程中加以详细地考察，找出其在印度社会历史背景下的发展线索。在主述佛教的同时，还注意兼顾了其他印度哲学的派别，对佛教以外的数论派、胜论派、婆罗门教、耆那教等哲学和宗教思想，以及《吠陀》《奥义书》等印度的古典经典也做了相应的解释或说明，力图从印度文化的总体来揭开《金刚经》的历史地位。这种横向比较、纵向探究，无疑有着十分重要的意义。

2. 在众多的译本中，除隋笈多本属于直译，文字艰涩难解外，其他译本实无大的差别。罗什的译本翻译最早，文笔流畅，简明扼要，广为流传。《金刚经新注》选用了罗什的译本为底本，也就更接近原著，资料也较为可靠，可信性强。

3. 全书释文内容广泛，所有叙述详细具体，对词义的解释基本准确、明了。对一些佛教的重要理论和教义，注者不搞人云亦云，而是仔细求证，提出自己的独到见解，有一定新意和启发。对《金刚经》中的每一个重要名词，注者尤其注意其历史的变化，指出最早的出处，词义的衍化，一词多义，异经别指，诸派别说等各种不同的形式。而且还附有梵语、巴利语原文，揭示了汉译名词的源头，既有助于准确地掌握词义，又便于读者查找利用。可以看出，此书不仅是一部佛经注疏，而且还具有一部小型佛教辞书的功能，有重要的实用价值。

当前，我国的佛教研究正在逐步深入，研究的范围也在不断地拓展，我们期望有更多的佛教著述涌现，繁荣我国的佛学研究事业。

①本序于1992年在《南亚研究》第4期上全文发表。

②本书原拟由上海佛学书局出版，因故未付梓。

前　言

产生于古印度的佛教在纪元前后传入中国，与中国的思想文化融合后，在逐渐发展和演变中形成了具有中国民族特点的中国佛教。佛教在习惯上被称为世界三大宗教之一，其研究机构与佛教组织遍布全球。佛教在其广泛流传的过程中，经过千百年来僧众的讲经、论说，不断演化，形成了众多的宗派，特别是在人口众多的亚洲地区，成为许多国家各具民族特色的宗教文化，是各国人民之间进行文化交流的重要内容。因此我们今天所进行的佛学研究事业，不仅具有深刻的思想理论价值，而且具有世界范围的广泛而深远的文化影响。

我们认为在各宗教中，佛教具有最庄严、最完整、最精密、最庞大的体系。这一体系包括了对世界认识的一个完整的理论，即“缘起”的理论。那环环相扣、层层相因的因明学表现出严谨而细密的逻辑；那放弃王位而自甘困苦、参悟人生的佛祖及其传说，在苦难人民的心灵上留下了难以磨灭的希望之光；其严格的清规戒律不仅为佛教徒提供了完整的道德规范，而且引导人心向善的宣讲、劝诫，赢得了一切善良人们的心理共鸣和极大的敬重；它的那些流传极广的劝善惩恶、因果报应的文学和艺术作品，获得了广泛的社会认同；那遍布大江南北有关佛教的绘画和雕刻，都以极其庄严的形式补充和说明了它的教义；其深厚的文化底蕴，早已深深地植根于各民族文化的传统之中；其在思想方面汲取了印度古代哲学的精华所在，表现了丰富的辩证因素。基于此，我们的研究只有具有冷静而客观的态度，才能进行溯本探源、深入细致的工作。本书就是持这种态度勉力而行的。

全书《金刚经》原典部分，是译者根据罗什译本，针对其以佛僧对话的基本形式来断句、标点和分段；注释部分，采用以句为主，兼顾数句一旨的方法，依次进行。（“新注”是相对于集历代旧注大成的《金刚经集注》本而言，该本已于 1984 年 1 月由上海古籍出版社根据复旦大学图书馆所藏的明永乐内府刻本影印出版，具有广泛影响。）全译只是“新注”水到渠成的结果，其目的在于为广大的读者在阅读时提供一些便利，以助于更多的读者了解这部佛典的基本内容。

由于注者病逝有年，而本人才疏学浅，力所不及，难免在标点、整理、经文白话全译的过程中有偏颇、疏漏以至于谬误之处，敬请大德与方家指正，衷心地希望本书能得到读者的喜爱和热情的帮助。

作　者

金刚般若波罗蜜经

金刚般若波罗蜜经

姚秦三藏鸠摩罗什奉诏译

如是我闻。

一时佛在舍卫国祇树给孤独园，与大比丘众千二百五十人俱。

尔时世尊，食时著衣持钵。入舍卫大城乞食。于其城中次第乞已，还至本处。饭食讫，收衣钵，洗足已，敷座而坐。

时长老须菩提，在大众中，即从座起，偏袒右肩，右膝著地，合掌恭敬而白佛言："希有，世尊，如来善护念诸菩萨，善付嘱诸菩萨。世尊，善男子、善女人，发阿耨多罗三藐三菩提心，云何应住？云何降伏其心？"

佛言："善哉，善哉。须菩提，如汝所说，如来善护念诸菩萨，善付嘱诸菩萨。汝今谛听，当为汝说。善男子、善女人，发阿耨多罗三藐三菩提心，应如是住，如是降伏其心。"

"唯然，世尊，愿乐欲闻。"

佛告须菩提："诸菩萨摩诃萨，应如是降伏其心。所有一切众生之类，若卵生，若胎生，若湿生，若化生;若有色，若无色；若有想，若无想；若非有想，非无想。我皆令入无余涅槃而灭度之。如是灭度无量、无数、无边众生，实无众生得灭度者。”

“何以故？须菩提，若菩萨有我相、人相、众生相、寿者相，即非菩萨。”

“复次须菩提，菩萨于法应无所住。行于布施。所谓不住色布施，不住声、香、味、触、法布施。须菩提，菩萨应如是布施，不住于相。”

“何以故？若菩萨不住相布施，其福德不可思量。”

“须菩提，于意云何？东方虚空可思量不？”

“不，不也。世尊。”

“须菩提，南、西、北方，四维上下虚空可思量不？”

“不，不也。世尊。”

“须菩提，菩萨无住相布施，福德亦复如是不可思量。”

“须菩提，菩萨但应如所教住。”

“须菩提，于意云何？可以身相见如来不？”

“不也。世尊。不可以身相得见如来。何以故？如来所说身相，即非身相。”

佛告须菩提：“凡所有相，皆是虚妄。若见诸相非相，即见如来。”

须菩提白佛言：“世尊，颇有众生，得闻如是言说章句，生实信不？”

佛告须菩提：“莫作是说。如来灭后，后五百岁，有持

戒修福者，于此章句能生信心，以此为实。当知是人，不于一佛、二佛、三四五佛，而种善根，已于无量千万佛所，种诸善根。闻是章句，乃至一念生净信者。须菩提，如来悉知悉见，是诸众生得如是无量福德。”

“何以故？是诸众生无复我相、人相、众生相、寿者相，无法相，亦无非法相。何以故？是诸众生，若心取相，即为著我、人、众生、寿者；若取法相，即著我、人、众生、寿者。何以故？若取非法相，即著我、人、众生、寿者。”

“是故不应取法，不应取非法。”

“以是义故，如来常说：汝等比丘，知我说法，如筏喻者。法尚应舍，何况非法？”

“须菩提，于意云何？如来得阿耨多罗三藐三菩提耶？如来有所说法耶？”

须菩提言：“如我解佛所说义，无有定法名阿耨多罗三藐三菩提，亦无有定法如来可说。何以故？如来所说法皆不可取，不可说，非法，非非法。所以者何？一切圣贤皆以无为法而有差别。”

“须菩提，于意云何？若人满三千大千世界七宝，以用布施，是人所得福德宁为多不？”

须菩提言：“甚多，世尊。何以故？是福德，即非福德性。是故如来说福德多。”

“若复有人，于此经中受持，乃至四句偈等，为他人说，其福胜彼。”

“何以故？须菩提，一切诸佛，乃诸佛阿耨多罗三藐三菩提法，皆从此经出。”

“须菩提，所谓佛法者，即非佛法。”

“须菩提，于意云何？须陀洹能作是念，我得须陀洹果不？”须菩提言：“不也，世尊。何以故？须陀洹名为入流，而无所入。不入色、声、香、味、触、法，是名须陀洹。”

“须菩提，于意云何？斯陀含能作是念，我得斯陀含果不？”须菩提言：“不也，世尊。何以故？斯陀含名一往来而实无往来，是名斯陀含。”

“须菩提，于意云何？阿那含能作是念，我得阿那含果不？”须菩提言：“不也，世尊。何以故？阿那含名为不来，而实无不来，是故名阿那含。”

“须菩提，于意云何？阿罗汉能作是念，我得阿罗汉道不？”须菩提言：“不也，世尊。何以故？实无有法名阿罗汉。世尊，若阿罗汉作是念，我得阿罗汉道，即为著我、人、众生、寿者。世尊，佛说我得无诤三昧，人中最为第一，是第一离欲阿罗汉。世尊，我不作是念：我是离欲阿罗汉。世尊，我若作是念：我得阿罗汉道。世尊则不说。须菩提，是乐阿兰那行者。以须菩提实无所行，而名须菩提，是乐阿兰那行。”

佛告须菩提：“于意云何？如来昔在然灯佛所，于法有所得不？”“不也，世尊。如来在然灯佛所，于法实无所得。”

“须菩提，于意云何？菩萨庄严佛土不？”“不也，世尊。何以故？庄严佛土者，即非庄严，是名庄严。”

“是故，须菩提，诸菩萨摩诃萨应如是生清净心，不应住色生心，不应住声、香、味、触、法生心，应无所住而生其心。”

“须菩提，譬如有人，身如须弥山王，于意云何？是身为大不？”须菩提言：“甚大，世尊。何以故？佛说：非身，是名大身。”

“须菩提，如恒河中所有沙数，如是沙等恒河，于意云何？是诸恒河沙，宁为多不？”

须菩提言：“甚多，世尊。但诸恒河尚多无数，何况其沙。”

“须菩提，我今实言告汝，若有善男子、善女人，以七宝满尔所恒河沙数三千大千世界，以用布施，得福多不？”须菩提言：“甚多，世尊。”佛告须菩提：“若善男子、善女人，于此经中，乃至受持四句偈等，为他人说，而此福德，胜前福德。”

“复次须菩提，随说是经，乃至四句偈等。当知此处，一切世间天人阿修罗，皆应供养，如佛塔庙。何况有人尽能受持读诵。须菩提，当知是人，成就最上第一希有之法。若是经典所在之处，即为有佛。若尊重弟子。”

尔时须菩提白佛言：“世尊，当何名此经？我等云何奉持？”佛告须菩提：“是经名为金刚般若波罗蜜，以是名字，汝当奉持。所以者何？须菩提。佛说般若波罗蜜，即非般若波罗蜜，是名般若波罗蜜。”

“须菩提，于意云何？如来有所说法不？”须菩提白佛言：“世尊，如来无所说。”

“须菩提，于意云何？三千大千世界所有微尘，是为多不？”须菩提言：“甚多，世尊。”“须菩提，诸微尘，如来说非微尘，是名微尘；如来说世界非世界，是名世界。”

“须菩提，于意云何？可以三十二相见如来不？”“不也，世尊。不可以三十二相得见如来。何以故？如来说：三十二相，即是非相，是名三十二相。”

“须菩提，若有善男子、善女人，以恒河沙等身命布施。”

“若复有人于此经中，乃至受持四句偈等，为他人说，其福甚多。”

尔时，须菩提闻说是经，深解义趣，涕泪悲泣，而白佛言：“希有世尊，佛说如是甚深经典，我从昔来，所得慧眼，未曾得闻如是之经。世尊，若复有人得闻是经，信心清净，即生实相。当知是人，成就第一希有功德。世尊，是实相者，即是非相，是故如来说名实相。世尊，我今得闻如是经典，信解受持，不足为难。若当来世，后五百岁，其有众生得闻是经，信解受持，是人即为第一希有。何以故？此人无我相，无人相，无众生相，无寿者相。所以者何？我相即是非相，人相、众生相、寿者相即是非相。何以故？离一切诸相，即名诸佛。”

佛告须菩提：“如是，如是。”

“若复有人得闻是经，不惊、不怖、不畏，当知是人，甚为希有。何以故？须菩提，如来说第一波罗蜜，即非第一波罗蜜，是名第一波罗蜜。”

“须菩提，忍辱波罗蜜，如来说非忍辱波罗蜜，是名忍辱波罗蜜。”

“何以故？须菩提，如我昔为歌利王割截身体，我于尔时无我相，无人相，无众生相，无寿者相。何以故？我于往昔节节支解时，若有我相、人相、众生相、寿者相，应生嗔恨。须菩提，又念过去，于五百世作忍辱仙人，于尔所世，无我相，无人相，无众生相，无寿者相。”

“是故须菩提，菩萨应离一切相，发阿耨多罗三藐三菩提心。不应住色生心，不应住声、香、味、触、法生心，应生无所住心。若心有住，即为非住。”

“是故佛说菩萨心，不应住色布施。”

“须菩提，菩萨为利益一切众生故，应如是布施。”

“如来说一切诸相，即是非相。又说一切众生，即非众生。”

“须菩提，如来是真语者，实语者，如语者，不诳语者，不异语者。”

“须菩提，如来所得法，此法无实无虚。”

“须菩提，若菩萨心，住于法而行布施，如人入暗，即无所见;若菩萨心，不住法而行布施，如人有目，日光明照，见种种色。”

“须菩提，当来之世，若有善男子、善女人，能于此经受持读诵，即为如来以佛智慧，悉知是人，悉见是人，皆得成就无量无边功德。”

“须菩提，若有善男子、善女人，初日分以恒河沙等身布施，中日分复以恒河沙等身布施，后日分亦以恒河沙等身布施。如是无量百千万亿劫，以身布施。若复有人闻此经典，信心不逆，其福胜彼。何况书写受持读诵，为人解说。”

“须菩提，以要言之，是经有不可思议、不可称量、无边功德。”

“如来为发大乘者说，为发最上乘者说。若有人能受持读诵，广为人说，如来悉知是人，悉见是人，皆得成就不可量、不可称、无有边、不可思议功德。如是人等，即为荷担如来阿耨多罗三藐三菩提。”

“何以故？须菩提。若乐小法者，著我见、人见、众生见、寿者见，则于此经不能听受读诵，为人解说。”

“须菩提，在在处处，若有此经，一切世间天、人、阿修罗，所应供养。当知此处，即为是是。皆应恭敬，作礼围绕，以诸华香而散其处。”

“复次，须菩提，若善男子、善女人，受持读诵此经，若为人轻贱，是人先世罪业，应堕恶道，以今世人轻贱故。先世罪业，即为消灭，当得阿耨多罗三藐三菩提。”

“须菩提，我念过去无量阿僧祇劫，于然灯佛前，得值八百四千万亿那由他诸佛，悉皆供养承事，无空过者。若复有人于后末世，能受持读诵此经所得功德，于我所供养诸佛功德，百分不及一。千万亿分，乃至算数譬喻，所不能及。”

“须菩提，若善男子、善女人，于后末世，有受持读诵此经，所得功德，我若具说者，或有人闻，心即狂乱，狐疑不信。”

“须菩提，当知是经义不可思议，果报亦不可思议。”

尔时，须菩提白佛言：“世尊，善男子、善女人，发阿耨多罗三藐三菩提心，云何应住？云何降伏其心？”佛告须菩提："善男子、善女人，发阿耨多罗三藐三菩提心者，当生如是心：我应灭度一切众生。灭度一切众生已，而无有一众生实灭度者。"

"何以故？须菩提，若菩萨有我相、人相、众生相、寿者相，即非菩萨。所以者何？须菩提，实无有法，发阿耨多罗三藐三菩提心者。"

"须菩提，于意云何？如来于然灯佛所，有法得阿耨多罗三藐三菩提不？"

"不也，世尊。如我解佛所说义，佛于然灯佛所，无有法得阿耨多罗三藐三菩提。"

佛言："如是，如是。"

"须菩提，实无有法，如来得阿耨多罗三藐三菩提。"

"须菩提，若有法，如来得阿耨多罗三藐三菩提者，然灯佛即不与我授记。汝于来世当得作佛，号释迦牟尼。"

"以实无有法，得阿耨多罗三藐三菩提，是故然灯佛与我授记，作是言：'汝于来世，当得作佛，号释迦牟尼。'何以故？如来者，即诸法如义。"

"若有人言如来得阿耨多罗三藐三菩提，须菩提，实无有法，佛得阿耨多罗三藐三菩提。"

"须菩提，如来所得阿耨多罗三藐三菩提，于是中无实无虚。是故如来说一切法，皆是佛法。"

"须菩提，所言一切法者，即非一切法，是故名一切法。"

"须菩提，譬如人身长大。"须菩提言："世尊，如来说人身长大，即为非大身，是名大身。"

“须菩提，菩萨亦如是。若作是言：我当灭度无量众生，即不名菩萨。”

“何以故？须菩提，实无有法，名为菩萨。”

“是故佛说一切法，无我，无人，无众生，无寿者。”

“须菩提，若菩萨作是言：‘我当庄严佛土。’是不名菩萨。”

“何以故？如来说庄严佛土者，即非庄严，是名庄严。”

“须菩提，若菩萨通达无我法者，如来说名真是菩萨。”

“须菩提，于意云何？如来有肉眼不？”

“如是，世尊，如来有肉眼。”

“须菩提，于意云何？如来有天眼不？”

“如是，世尊，如来有天眼。”

“须菩提，于意云何？如来有慧眼不？”

“如是，世尊，如来有慧眼。”

“须菩提，于意云何？如来有法眼不？”

“如是，世尊，如来有法眼。”

“须菩提，于意云何？如来有佛眼不？”

“如是，世尊，如来有佛眼。”

“须菩提，于意云何？如恒河中所有沙，佛说是沙不？”

“如是，世尊，如来说是沙。”

“须菩提，于意云何？如一恒河中所有沙，有如是沙等恒河，是诸恒河所有沙数佛世界。如是宁为多不？”

“甚多，世尊。”

佛告须菩提：“尔所国土中所有众生若干种心，如来悉知。”

“何以故？如来说诸心皆为非心，是名为心。”

“所以者何？须菩提，过去心不可得，现在心不可得，未来心不可得。”

“须菩提，于意云何？若有人满三千大千世界七宝，以用布施。是人以是因缘，得福多不？”

“如是，世尊，此人以是因缘，得福甚多。”

“须菩提，若福德有实，如来不说得福德多。以福德无故，如来说得福德多。”

“须菩提，于意云何？佛可以具足色身见不？”

“不也，世尊。如来不应以具足色身见。何以故？如来说具足色身，即非具足色身，是名具足色身。”

“须菩提，于意云何？如来可以具足诸相见不？”

“不也，世尊。如来不应以具足诸相见。何以故？如来说诸相具足，即非具足，是名诸相具足。”

“须菩提，汝勿谓如来作是念：‘我当有所说法。’莫作是念。何以故？若人言如来有所说法，即为谤佛。不能解我所说故。”

“须菩提，说法者，无法可说，是名说法。”

尔时慧命须菩提白佛言：“世尊，颇有众生于未来世，闻说是法，生信心不？”

佛言：“须菩提，彼非众生，非不众生。何以故？须菩提，众生众生者，如来说非众生，是名众生。”

须菩提白佛言：“世尊，佛得阿耨多罗三藐三菩提，为无所得耶？”

佛言：“如是如是。须菩提，我于阿耨多罗三藐三菩提，乃至无有少法可得，是名阿耨多罗三藐三菩提。”

“复次须菩提，是法平等，无有高下，是名阿耨多罗三藐三菩提。以无我，无人，无众生，无寿者。”

“修一切善法，即得阿耨多罗三藐三菩提。”

“须菩提，所言善法者，如来说即非善法，是名善法。”

“须菩提，若三千大千世界中，所有诸须弥山王，如是等七宝聚，有人持用布施。若人以此般若波罗蜜经，乃至四句偈等，受持读诵，为他人说，于前福德，百分不及一。百千万亿分，乃至算数譬喻，所不能及。”

“须菩提，于意云何？汝等勿谓如来作是念：‘我当度众生’。须菩提，莫作是念。何以故？实无有众生如来度者。”

“若有众生如来度者，如来即有我、人、众生、寿者。”

“须菩提，如来说有我者，即非有我。而凡夫之人，以为有我。”

“须菩提，凡夫者，如来说即非凡夫，是名凡夫。”

“须菩提，于意云何？可以三十二相观如来不？”须菩提言：“如是如是，以三十二相观如来。”

佛言：“须菩提，若以三十二相观如来者，转轮圣王即是如来。”

须菩提白佛言：“世尊，如我解佛所说义，不应以三十二相观如来。”

尔时世尊，而说偈言：

若以色见我，以音声求我，
是人行邪道，不能见如来。

“须菩提，汝若作是念：‘如来不以具足相故，得阿耨多罗三藐三菩提’。须菩提，莫作是念。如来不以具足相故，得阿耨多罗三藐三菩提。须菩提，汝若作是念：‘发阿耨多罗三藐三菩提心者，说诸法断灭’。莫作是念，何以故？发阿耨多罗三藐三菩提心者，于法不说断灭相。”

“须菩提，若菩萨以满恒河沙等世界七宝，持用布施。若复有人知一切法无我，得成于忍，此菩萨胜前菩萨所得功德。”

“何以故？须菩提，以诸菩萨不受福德故。”

须菩提白佛言：“世尊，云何菩萨不受福德？”

“须菩提，菩萨所作福德，不应贪著，是故说不受福德。”

“须菩提，若有人言：‘如来若来，若去，若坐，若卧，’是人不解我所说义。”

“何以故？如来者，无所从来，亦无所去，故名如来。”

“须菩提，若善男子、善女人，以三千大千世界碎为微尘，于意云何？是微尘众，宁为多不？”

须菩提言：“甚多，世尊。何以故？若是微尘众实有者，佛即不说是微尘众。所以者何？佛说微尘众，即非微尘众，是名微尘众。世尊，如来所说三千大千世界，即非世界，是名世界。何以故？若世界实有者，即是一合相。如来说一合相，即非一合相，是名一合相。”

“须菩提，一合相者，即是不可说。但凡夫之人，贪著其事。”

“须菩提，若人言佛说我见、人见、众生见、寿者见，须菩提，于意云何？是人解我说义不？”

“不也，世尊。是人不解如来所说义。何以故？世尊说我见、人见、众生见、寿者见，即非我见、人见、众生见、寿者见，是名我见、人见、众生见、寿者见。”

“须菩提，发阿耨多罗三藐三菩提心者，于一切法，应如是知，如是见，如是信解，不生法相。须菩提，所言法相者，如来说即非法相，是名法相。”

“须菩提，若有人以满无量阿僧祇世界七宝，持用布施。若有善男子、善女人，发菩提心者，持于此经，乃至四句偈等，受持读诵，为人演说，其福胜彼。”

“云何为人演说？”

“不取于相，如如不动。”

“何以故？”

一切有为法，如梦幻泡影，
如露亦如电，应作如是观。

佛说是经已，长老须菩提及诸比丘、比丘尼、优婆塞、优婆夷，一切世间天、人、阿修罗，闻佛所说，皆大欢喜，信受奉行。

金刚般若波罗蜜经新注

【经文】

如是我闻。

【注释】

如是我闻：梵语为evaṃmayā śrutam，佛教经典开头的用语。据说佛陀寂灭后，号称多闻第一的阿难（Ānanda）在诵出一切经典的开头都用此语，以表示与外道经典之间的区别。如是，指经典所述佛陀的言论和行动，亦即经典的内容；我闻，指阿难所闻。如是，又指自己闻法而信；我闻，又指坚信佛说的信徒。一切佛经凡明示佛说，皆用此句开头。

【经文】

一时佛在舍卫国①祇树给孤独园②，与大比丘③众千二百五十人俱。

【注释】

①舍卫国：对此国，我国旧译名称很多，音译有室罗伐、室罗伐悉底、舍婆提、尸罗跋提、拾罗婆悉帝夜等，意译有闻者、闻物、丰德、好道等。此地原为古代印度十六大国（ṣoḍaś-mahājanapā-da）之一的㤭萨罗（kosala）的国都，后因㤭萨罗国分为两国，即北㤭萨罗国（Uffara-kosala）与南㤭萨罗国（Dakṣiṇa-kosala），而舍卫城处于北㤭萨罗国，遂以舍卫为国，以便区别于南㤭萨罗国。十六大国的名称佛典中所述不一，今据巴利佛典记载列之于下（以下括弧中第一词为巴利语，第二词为梵语，如只

写一词则表示巴、梵相同）：

1. 迦尸（Kāsi）

2. 憍萨罗（Kosala）

3. 鸯伽（Aṇga）

4. 摩揭陀（Magadha）

5. 跋耆（Vajji，vṛji）

6. 末罗（Ma11a）

7. 枝提（Ceti，Cedi）

8. 跋嗟（Vaṃsa，Vatsa）

9. 拘楼（Kuru）

10. 般阇罗（Pañcāla）

11. 末地耶（Maccga，Matsya）

12. 戍罗西那（Sūrasena，Śūrasena）

13. 阿设迦（Assaka，Aśvaka 或 Aśmaka）

14. 阿槃帝（Avanti）

15. 犍陀罗（Gandhāra）

16. 甘谟惹（Kamboja）

在汉译佛典中，十六大国的名称与此略异。如《长阿含》卷五《阇尼沙经》所载为：鸯迦、摩竭、迦尸、居萨罗、拔祇、末罗、支提、拔沙、居楼、般阇罗、颇漯波、阿般提、婆蹉、苏罗婆、乾陀罗、剑浮沙。《中阿含》卷五十五为鸯迦（鸯迦、鸯迦陀、泱伽）、摩揭陀（摩竭、摩伽陀、默偈陀、摩竭提）、迦尸（迦诗）、拘萨罗（居萨罗、憍萨罗）、拘楼（居楼、拘留、鸠留、鸠罗婆、屈露多）、般阇罗（半时罗、般遮罗）、阿摄贝（阿设迦、阿湿婆、遏波）、阿和檀提（阿婆檀提、阿般提、阿槃提、阿槃帝）、枝提（支提）、跋耆（拔祇、毗时）、跋蹉（拔蹉、婆蹉、筏蹉）、跋罗（末罗、摩罗、拔罗）、苏摩（须摩、苏翕摩、素摩）、苏罗吒（苏罗婆、须罗吒、首罗失那、戍罗西那）、喻尼（臾那、耶般那、夜槃那、叶半尼、叶筏那）、剑浮（浮蒲奢、剑桴、剑跋阇、剑浮沙、甘蒲奢、甘谟惹）。《大方等无想经》卷一与《大毗婆娑论》卷一百二十四皆缺枝提而加分陀（奔哒罗）。《大方等大集经》卷五十一无喻尼而有疏那。《出曜经》卷二十二则缺第十六国。《仁王般若波罗蜜经》卷下作憍萨罗、舍卫、摩揭提、波罗奈、迦夷罗卫、鸠尸那、鸠睒弥、鸠留、罽宾、弥提、伽罗乾、乾陀卫、沙陀、僧伽陀、犍拿掘奢、波提。《仁王护国般若波罗蜜多经》卷下又作毗舍离（Vaiśālī）、憍萨罗（Kosala）、室罗筏（Śrāvastī）、摩伽陀（Magadha）、波罗痆斯（Bārāṇasi）、迦毗罗（Kapilavastu）、拘尸那（Kaśinagara）、憍睒弥（Kauśāmbi）、般遮罗（Pañcala）、波吒罗（paṭaliputra）、末吐罗（Mathurā）、乌尸（Uṣa）、奔吒跋多（Puṇgavardhana）、提婆跋多（Devātāra）、迦尸（Kāsi）、瞻波（Campā）。这里大都是把都名作为国名了。

舍卫国地处拉普提（Rāpti）河南岸，是古代印度北部重要的商业和各种宗教派别活动的中心。此地不仅商贾云集，而且名家辐辏，学术、经济皆盛极一时。佛陀在此传教二十余年，流传下来的故事颇多（详见《大唐西域记》卷六）。不仅如此，婆罗门教、耆那教在此地也很盛行，莘莘学子响慕而来者不绝于途。

②祇树给孤独园：即祇园，祇园精舍、祇洹精舍。祇树，为舍卫国波斯匿王（梵 Prasenajit，巴 Pasenadi 或 Pasenaji，玄奘译

为胜年王）太子祇陀（Jeta）的林园，故简称祇树或祇林（Jetavana）。给孤独，舍卫国苏达多（Sudatta）长者，乐善好施，哀恤孤危，故人称之为给孤独（梵 Anāthapiṇḍada，巴 Anāthapiṇḍika）。以后长者皈依佛教，用重金买下了祇林，并建精舍以献佛陀，故称祇树给孤独园。

③大比丘：指高僧大德（见《维摩经》㊅14，537 页）。比丘，巴利语为 bhikkhu，梵语为 bhikṣu，意为乞食者，旧译为乞士。最初，在婆罗门教中，把处于人生第四期，即遁世期（Sannyāsin）遍历四方的修行者称为比丘或行者（Yati）、游行者（Parivrājaka）、沙门（Śrāmaṇa）。佛教兴起时期，各种宗教都把托钵行乞的修行者称作比丘。佛教采用了这个名称，通常指出家修行的男性信徒。以后，当佛教戒律体系确立后，则专指出家得度受过具足戒、年满二十的男性修行者（见《阿杂含》卷二㊅1，15 页；MPS，111，8.《五分律》、《五分戒本》、《四分律》㊅22，568 页；《出曜经·利养品》㊅4，689 页；《无量寿经》㊅12，265 页；《宝性论》㊅31，821 页；《法华经》卷一㊅9，6 页；《灌顶经》卷十二㊅21，533、534 页）。

【经文】

尔时世尊[①]，食时[②]著衣持钵[③]。

【注释】

①世尊：尊师，为世所尊的。梵、巴皆为 Bhagavat，即福德俱备的人。Bhagavat 一词在《吠陀》及大史诗中，本来是弟子对老师的称呼，以后被佛教所采用。随着佛陀的被神化，此词日益

具有神圣的宗教含义，成为对具有一切功德、利益，最受世人尊敬的佛陀的尊称。又为佛的十号之一(见《俱舍论》卷三。《长阿含》卷二㊅1，11页；MPS.1，2；MPS.S.102.《观音经》；SaddhP.p.362；363)。此外，在巴利语或梵语原典中有些词在汉译中也作世尊，如巴 bhante（见《别译杂阿含》卷七㊅2，424页；SN.IV，p.317），梵 sugata（见《法华经》㊅9，3页，西域本），梵 buddha（见《百五十赞》一一四、一四七颂），梵 śāstṛ（见《中论》），梵 lokanātha（见《中论》），梵 muni（见《中论》），梵 mahā-muni（见 Laṅk），梵 citta-sārathi（见 Laṅk），梵 tribhava-īśvara（见 Laṅk），梵 narendra（见 Lakṅk），梵 loka-jyeṣṭha（见 Mvyut.13，《无量寿经》㊅12，267页，《灌顶经》卷十二㊅21，532页）。“无上世中尊”（巴 buddhā jagad-uttama-hetu-bhūtāh），见《杂阿含》卷二十三㊅2，161页；Divyāv. XXVI，368. 在数论派中把圣者亦称为世尊。见《金七十论》一颂。

②食时：正食之时，即日中饭时。佛教规定食时不得过中午，日出至午前可许受斋食。过中一发，即不得食。

③著衣持钵：衣，指大衣。巴利语为 saṅghāṭī，梵语为 saṃghāṭī，为比丘三衣(tri-vastra)中最大的一种袈裟。亦即用二十五布条缝制、在说法或托钵时所著的大衣。三衣为上衣、中衣和下衣。上衣音译为郁多罗僧（uttara-āsaṅga），为礼拜、听讲、布萨时所著，因用七条布片缝制，故又称七条衣。中衣音译为安陀会（antarvāsa），为日常劳动或就寝时所著的便衣或内衣。至于比丘尼除三衣外，另加僧祇支（saṃkakṣikā 覆肩衣）、厥修罗（kusūla 下裙）二衣，合称五衣。见《四分律》㊅22，601页；《五分戒本》㊅22，196页；Nis.p.1；2. 钵，僧尼常用的食具。巴利语为 patta，梵语为 pātra，

有铁制和陶制两种。木制的为外道食具。石钵为佛物，禁止使用。如有破损，须根据五种严格规定的方法（五缀钵）修理。见《四分律》㊅22，623页。

【经文】

入舍卫大城乞食①。于其城中次第乞已，还至本处。饭食讫，收衣钵，洗足已，敷座②而坐③。

【注释】

①乞食：即僧人持钵立于人家门口乞食，为十二头陀行之一。巴利语为 piṇḍāya carati，见《杂阿含》卷四十五㊅2，325页；SN.1，p.128。巴利语又为 piṇḍapāta，原意为“食物落于钵中”，见《杂阿含》卷三十八㊅2，278页；SN.11，p.283。梵语又为 piṇḍa-cāirka，见《法集要颂经·苾刍品》㊅4，796页；Udv.XXXⅡ，1.bhaikṣya，见 Laṅk.piṇḍa，见 Laṅk.“依时行乞食”（upaŏpadyamānakāla），见 Laṅk.“依倚于乞食”（ākam liṅamā śritah），见《佛所行赞》卷三㊅4，23页；Buddhac.XⅡ，46.十二头陀行，即出家修行僧的十二种生活规范。头陀，巴利语和梵语皆为 dhūta 或 dhuta，意为修德、洗浣，即在衣、食、住三方面去掉贪欲，把烦恼的污垢洗净。头陀行，即指头陀的修行，梵语为 dhūta-guṇa，见 Mvyut.1127—1139.十二头陀行为：粪扫衣、但三衣、常乞食、不作余食、一坐食、一揣食、空闲处、塚间坐、树下坐、露地坐、随坐、常坐不卧，见《十诵律》㊅23，1页；《四分律》㊅22，573页。一坐食，巴利语为 ekāsanika、ekāsanin，梵语为 aikāsanika，原意为一日一食，

但汉译认为原词系由 ās（坐）派生，遂误解为“坐食”了。一揣食，即在一饭中节制食量。头陀，又译为杜多，见《瑜伽论》卷二十五㊅30，421 页。头陀行，又译为杜多行，见《有部律》㊅23，628 页。头陀，又见《法华经·踊出品》；Saddhp.XIV，39.《法华经》卷五㊅9，41 页；SaddhP.p.263. 头陀行，又见《大树紧那罗王所问经》卷二㊅15，375 页；《目灯三昧经》卷二㊅15，553 页；《观佛三昧海经》卷三㊅15，657 页；《十住毗婆沙论》卷二㊅26，29 页。十二头陀，又见《大乘本生心地观经》卷六㊅3，320 页；《二菩萨经》㊅20，663 页；《央掘魔罗经》卷一㊅2，521 页。

②座：巴利语为 āsana，见《长阿含》卷二㊅1，12 页；MPS.1，21.《灌顶经》卷十二㊅21，532 页。

③坐：见《灌顶经》卷十二㊅21，533 页。“或坐或住”(nyaṣidat，nyasidat)，见 Mvyut.6280.

【经文】

时长老①须菩提②，在大众中，即从座起，偏袒右肩，右膝著地，合掌③恭敬而白佛言：希有，世尊，如来④善护念诸菩萨⑤，善付嘱诸菩萨。

【注释】

①长老：对德高望重的比丘的尊称，又为小比丘对大比丘的尊称。在后面这种情况下，并不一定要有年龄的限制。巴利语为áyasmā（m），thera，梵语为 āyuṣmat，sthavira，见《阿弥陀经》㊅12，346 页；SSukh.1. 但是还应指出，巴利语 āyasmā 一词有时是

对年轻比丘的称呼；在梵语的一般会话中，āyuṣmat一词又是长辈对晚辈的称呼。在现代印地语中，又把新娘称作āyuṣmatī，把新郎称作āyuṣmat。在这种场合，自然其含义就决非“长老”了。

②须菩提：佛陀十大弟子之一，号称解空第一。梵语为Subhūti，意译为善吉，系舍卫城长者鸠留（Kuru）之子。玄奘音译为苏部底，意译为善观。见《大唐西域记》卷四。

③合掌：两手相合于胸前，以表示对佛陀和神灵以及朋友的虔诚与信赖，是印度和斯里兰卡、缅甸、泰国等国自古以来的礼节。印度人认为右手是神圣的，左手是不洁的，两手相合则表示把人的神圣的一面和不洁的一面结合在一起，以体现人的真实形态。在密教中，把左右手分别为金刚界与胎藏界、理与智、定与慧，并把合掌法分为十二种。通常的合掌即相当于第七种的金刚合掌。十二合掌法为坚实合掌、虚心合掌、如来开运合掌、初割莲合掌、显露合掌、持水合掌、归命合掌（金刚合掌）、反叉合掌、反背互相著合掌、横柱合掌、覆手向下合掌、覆手合掌。见《俱舍论》卷十四；《华严经》卷二㊅9,405页；《灌顶经》卷十二㊅21,535—536页。梵语为añjali，见《药师本愿经》㊅14，404页；Bhaiṣaj.p.1.Bodhis.p.6；139.añjali-Karma，见Bodhis.p.233.añjali…kṛto，见《法华经》卷一㊅9，9页；SaddhP.p.50.añjalimpra-Nṇam，见《有部律破僧事》卷六㊅24，129页CPS.S.182.《无量寿经》㊅12，266页。añjaliṃpra ṇamya，见《有部律杂事》卷三十六㊅24，386页；MPS.S.178.añjaliṃ Praṇamya……，见《观音经》；Saddhp.p.362.Prāñjali，见《百五十赞》一一一颂；《金刚针论》㊅32，171页；Vajras.32.

④如来：为巴、梵tathāgata的意译。tathā（如）tgata（去）。

汉译把此合成词理解为 tathātāgata（来），从而译为“如来”。如来，即修行完成的人，人格完成的人，全人，真理的体现者。此词非为佛教专有，当时各种宗教也都使用这一称呼。此词在佛教中指佛陀，为佛陀的十种名号之一。巴 tathāgata，见《长阿含》卷二㊅1，11 页；MPS.1，2.《出曜经·如来品》㊅4，718 页。梵 tathāgata，见《法华经》卷一㊅9，3 页；SaddhP.p.16.《无量寿经》㊅12，267 页；《百五十赞》五十六颂；《大日经·住心品》㊅18，1 页；Mvyut.3.tāthāgata（如来的，属于如来），见 Bodhis.p.10；50；318.vināyaka，见《法华经·神力品》㊅9，52 页；SaddhP.p.333.

⑤菩萨：为菩提萨埵（巴 bodhisatta，梵 bodhisattva）的简称。意译为觉有情、大心众生、大士、高士、开士等。有以下几种含义：

1. 指立志修持大乘六波罗蜜，以智慧上求菩提（觉悟），下利众生，以便于未来成就佛果的大乘佛教修行者。见《般若心经》㊅8，848 页；《华严经》卷一㊅9，395 页；《无量寿经》㊅12，265 页；《阿弥陀经》㊅12，346 页；SSukh.9.《瑜伽论》卷三十五㊅30，478 页；《灌顶经》㊅21，532 页。

2. 指成道前的佛陀，即修行时期的佛陀。见《长阿含》卷二㊅1，16 页；MPS.IV，15；MPS.S.214.《佛所行赞》卷三㊅4，24 页；Buddhac.88.“余人悉不觉，菩萨御车见”（sūtaḥ kumāraścadadarśa nanyaḥ），见《佛所行赞》㊅4，6 页；Buddhac. Ⅲ，54.

3. 指过去世时的佛陀，佛陀的前生。

4. 指佛陀之子。梵语为 sugatasya putraḥ，见《法华经》卷一㊅9，3 页；SaddhP.p.22.

5. 封建社会中朝廷赐给有德高僧的称号。

6. 世人对高僧的尊称。

【经文】

世尊，善男子、善女人[1]，发阿耨多罗三藐三菩提心[2]。

【注释】

①善男子、善女人：原指良家子女。佛典中多指高贵、有教养的青年男女，在家男女信徒或具有正确信仰的男女。梵语为 ku1a-putra、ku1a-duhitṛ，见《法华经》卷一㊅9，3 页；SaddhP.p.15.《观音经》；SaddhP.p.363；364.《阿弥陀经》㊅12，347、348 页；SSukh.10；17.《药师本愿经》㊅14，406 页；Bhaiṣaj.p.14.《灌顶经》卷十二㊅21，533 页。"是善男子或善女人"(ku1a-putrovāku1a-duhitā vā"，见《称赞净土经》㊅12，350 页；SSukh.10.

②阿耨多罗三藐三菩提心：阿耨多罗三藐三菩提为巴利语 anuttarā sammāsaṃbodhi，梵语 anuttarā samyak-saṃbodhiḥ 的音译。梵、巴 anuttara 意为无上的，梵 samyak 意为正确的、完全的，梵、巴 saṃbodhi 意为觉悟，合起来意译为无上正等（或等正）觉、无上正真道、无上正遍知、无上正遍智。即佛的最上绝对完全的智慧。见《杂阿含》卷四十六㊅2，334 页；SN.1.p.68《涅槃经》㊅1，204 页；《般若心经》㊅8，848 页；《法经经·序品》㊅9，2，7 页；《华严经》卷四㊅9，419 页；《观无量寿经》㊅12，345 页；《阿弥陀经》㊅12，348 页；SSukh.17；18；19.《维摩经》㊅14，538 页；《大日经·住心品》㊅18，1 页；《十诵律》㊅23，80 页；《宝性论》㊅31，821 页。阿耨多罗三藐三菩提心，即追求无上正等觉，亦

即追求佛果之心。梵语为 anuttarāyāṃsamyak-saṃbodau cittā ni…，见《观音经》；SaddhP.p.374.《维摩经》㊅14，539 页。梵语又作 bodhicitta，见《维摩经》㊅14，549 页；Siks.p.6.

【经文】

云何应住①？云何降伏②其心？

【注释】

①住：有以下几种含义：

1. 居住，停留，住所。梵语为 viharati，见《法华经 · 序品》。vihāra，见 MSA.Nsthā，upasthita，见《百五十赞》八十颂。tiṣṭhati，pratiṣṭhita，sthita，avatiṣṭhate，saṃ-Nsthā，见《中论》《唯识三十颂》。sthāna，sthiti，见《中论》。1ayana，见 Mvyut，1747.

2. 存在。梵语为 pravṛtti，pravartate，见《中论》。

3. 安住。梵语为 vyavasthiat，见 Bodhis.p.84.

4. 执着。梵语为 sthiti，巴利语为 ṭhiti.

5. 生命的持续。梵语为 sthiti，见 Ak. Ⅱ，5，6.

6. 住于母胎。梵语为 tiṣṭhati，见 AK. Ⅲ，16.

7. 宇宙的存续。梵语为 tiṣṭhati，见 AK. Ⅲ，92.

8. 四有为相或三有为相之一，即表示存续的原理。四有为相为生、住、异、灭；三有为相为生起、存续、坏灭。梵语为 sthiti，见 AK. Ⅱ，45.《俱舍论》卷五；AKbh.p.73.

9. 与盖同。梵语为 nivaraṇa。

10. 常住。梵语为 nitya，见《正理门论》。

11. 在禅籍中与动词结合，表示加强语气。如把住，擒住。见《俱舍论》卷五。梵语为 avasthā，见 MSA.MAV.sthiti，见 MSA.MAV.stha，sthāna，见 MAV.upasthāna，pratiṣṭita，见 MAV.anu ṣṭhāna，avasthāna，avasthāa，avas-hāpana，prasthita，saṃ-Nsthā，saṃtiṣṭhare，samārūḍha，sthita，见 MSA.

②降伏：以威力使他人屈服，谓之降伏，亦即压制、制服。梵语为 pragrahitavya… 见本经。stambhana，见《大悲空智经·序品》㊅18，587 页；Hevajra1，1，8.《出曜经·我品》㊅4，722 页；《理趣经》㊅8，784 页。“能降伏心”（ātma-saṃyukta），见《中论》。“降伏他”（nigraha），见 MAV. 克敌者，梵语为 vijet ṛ，见 MSA，以威力制服恶魔或通过辩论制服外道，见《上宫维魔经》㊅56，21 页。借佛力以制服恶人、恶心，梵语为 abhicāra，其仪式称作降伏法或调伏法（abhicāraka）。

【经文】

佛言：善哉①，善哉。须菩提，如汝所说，如来善护念诸菩萨，善付嘱诸菩萨。汝今谛听，当为汝说。

【注释】

①善哉：老师对学生表示赞成或称赞的用语。此语直至今天仍在印度使用，如在梵语会话中表示赞成对方意见时仍说“Sādhu sādhu”。巴利语为 sādhu，见《五分戒本》㊅22，196 页；Nis.p.8.《那先经》A ㊅32，596 页；Mi1.P.p28. 巴 ka1la，见《那先经》A.B ㊅32，697、707 页；Mi1.P.p.32；33. 巴 kallo si bhante，见《那先经》A.B ㊅

32, 697 页；Mi1.P.p.32f. 又见《无量寿经》㊅12, 266 页；《灌顶经》卷十二㊅21, 532 页。善哉，又为感叹词，梵语为 aho，见《百五十赞》四十九颂。

【经文】

善男子、善女人，发阿耨多罗三藐三菩提心，应如是住，如是降伏其心。

唯然，世尊，愿乐欲闻。

佛告须菩提，诸菩萨摩诃萨①，应如是降伏其心。

【注释】

①摩诃萨：梵语 Mahā-sattva 的音译。为菩萨的尊称，具有大志者，并为追求大菩提者的通称。见《阿弥陀经》㊅12, 346 页；SSukh.1.《大品般若经·金刚品》㊅8, 243 页；PvP.p.169. 又音译为摩诃萨埵，意译为大心、大士、大众生、大有情。见《菩萨本行经》㊅3, 119 页；《瑜伽论》卷四十六㊅30, 549 页。

【经文】

所有一切众生①之类，若卵生，若胎生，若湿生，若化生；若有色②，若无色③；若有想④，若无想⑤；若非有想，非无想。我皆令入无余涅槃⑥而灭度⑦之。

【注释】

①一切众生：指世间一切生物，其中最主要的是人类。见《方

广大庄严经》卷五(大)3，569 页。梵语为 sarva-sattva，sarva-bhāta，见 Laṅk，一切众生依其诞生方式的不同分为四种，即四生（catur-yoni）：

1. 胎生（jarāyu-ja），指一切由母胎而生的动物，如人和兽。

2. 卵生（aṇḍa-ja），指一切由卵而生的动物，如鸟。

3. 湿生（saṃsveda-ja），指一切由湿气而生的动物，如虫。

4. 化生（upapādu-ja），指无所依托，自然而生者，如神、幽灵和劫初的人。

以上见《俱舍论》卷八；AK. Ⅲ，8.《集异门论》卷九(大)26，403。

②有色：有下列两种含义：

1. 具有形体的生物，具有色身的生物，亦即三界中欲界和色界的有情。见《俱舍论》卷二，梵语为 rūpin，见 AK.1，29.

2. 指二十二根中的五根、女根和男根。梵语为 rūpīṇi（复数），见 AK.11，9. 二十二根见下表：

二十二根——
- 六根——眼、耳、鼻、舌、身、意
- 三根——男、女、命
- 五受根——喜、苦、乐、忧、舍
- 五善根——信、勤、念、定、慧
- 三无漏根——未知当知、已知、具知

见《辨中边论·辨真实品》(大)31，470 页。

③无色：有下列几种含义：

1. 非物质之物，无形体之物。梵语为 arūpin，见《瑜伽论》卷十六㊅30，363页；PG.K.29，p.171；AK. Ⅲ，5，30.arūpin，见Laṅk.

2. 无色界的众生。见AK. Ⅲ，5；Ⅳ，44.

3. 指无色界，即超物质的世界。梵语为ārūpya-dhātu，见Laṅk.

4. 生存之断灭。巴利语为vibhava，见《义足经》㊅4，187页；Sn.856.

④有想：有意识者，有想（表象作用）者。对无想天的有情来说，其他具有表象作用（想）的有情称为有想。梵语为saṃjñin，见本经及其梵本。

⑤无想：有下列儿种含义：

1. 已消失思想者，即入灭尽定的人。已无表象作用的人，亦即消失意识的人。巴利语为asññin，见《义足经》㊅4，181页；Sn.894. 梵语为asaṃjñin，见本经及其梵本。

2. 心及心的表象完全消失的境地，即在对象面前无任何想念的状态。见《俱舍论》卷一。梵语为āsaṃjñina=asaṃjñiṣu-bhavaṃ，见《俱舍论》卷五；AKV.p.159.

3. 即无想果（āsaṃjñika），即十四种心不相应行之一，亦即生于无想天者所获得的无意识的状态。部分外道把此境地认为涅槃境地。见AK. Ⅱ，35，41.《阿毗昙毗婆沙论》卷四十四㊅28，333页。

4. 无想天（āsaṃjñika）之略称。无想天又称无想有情天、少广天、福德天。即依修无想定（āsṃjñi-samapatti=āsaṃjñināmsamapattir asaṃjñā va iti，即一切心的活动作用完全止息的禅定）而达到的境地。外道视此为最高的涅槃境地。说一切有部和经量部把此视为色界第四禅之广果天。修过四静虑后即可达到此境地。即一切心作用完全止灭之天，经过很长时间后心作用方可恢复。见《十诵律》㊅23，13页；《成唯识论》㊅31，37页；《唯识三十颂》㊅31，60页；《俱舍论》卷五；AK. Ⅱ，41；AKV.p.159.

5. 指无想天的众生。梵语为 asaṃjñi-sattva，见 AK.Ⅳ，44.

⑥无余涅槃：有下列几种含义：

1. 无制约的涅槃世界，完全真实的涅槃，完全脱离肉体束缚的状态，消灭了烦恼而获得永远平安、寂静的境界。当人已断绝一切烦恼，从而使未来生死的原因业已消灭，但肉体尚存时，称之有余涅槃；当人连其肉体也不存在时，则称为无余涅槃。具体地说，就是不仅已断尽一切心惑，而且连肉体也已消失的状态。亦即在完全无迷的状态中死去，而与永恒的真理归于一体。原语巴利语为 anupādisesa-nibbāna，梵语为 nirupadhiśeṣaṃnirvā ṇ am，梵语 nirupadhiśeṣa，见 AKbh.p.382.anupadhiśeso Nirvāṃa-dhātuḥ，见《法华经》卷一㊅9，4页；SaddhP.p.19.

2. 在唯识说中，指断绝了烦恼障而现出的真如中，第八识转于大圆镜智，而一切诸惑皆已寂灭无余的状态。见《成唯识论》卷十㊅31，55页。大圆镜智，为佛的四智之一。四智为大圆镜智、平等性智、妙观察智、成所作智。大圆镜智，梵语为 ādarśajñana，见 Mvyut Ⅲ .

3. 完全的涅槃，梵语为 parinirvāṇa，见 MAV.asaṃsk ṛ taṃnirvāṇam，见《胜鬘经》㊅12，221页；RGV.p.50.

4. 寂静的境地，巴利语为 santi，梵语为 śānti，见《杂阿含》

卷三十六(大)2，262 页；SN.I，P.1.

⑦灭度：有下列几种含义：

1. 涅槃，悟，悟的境地。度为渡到彼岸之意。见《般泥洹经》(大)1，182 页；《无量寿经》(大)12，266 页。巴利语为 parinibhāna，见《别译杂阿含》卷一(大)2，378 页；Udv.p.92. 巴 parinibhāti，见《长阿含》卷二(大)1，15 页；MPS. Ⅲ，7. 梵语为 parinirvāpita，见本经及其梵本。parinirvāṇ a，见《法华经 · 寿量品》(大)9，42 页；SaddhP.p.272.nirvāṇa，见《正法华》卷一(大)9，67 页；SaddhP.p.23. mahāparinirvāṇa，见《无量寿经》12，268 页；《维摩经》(大)14，540、542 页。

2. 指永远消灭了生、老、病、死等肉体上的痛苦，超越了欲、有、见、无明四流。见《肇论》(大)45，157 页。

3. 死亡，佛陀之逝，佛灭，入灭。梵语为 parinirvṛta，见《法华经》卷一(大)9，3 页；SaddhP.p.12.《法华经》卷一(大)9，7 页；SaddhP.p.40. parinirvāṇa，见《法华经 · 寿量品》(大)9，42 页；Saddhp.P.270.

4. 与灭除同。见《正法华》卷一(大)9，65 页。梵语为 advayapravṛtta，见 SaddhP.（彼得洛夫斯基本）。

【经文】

如是灭度无量、无数、无边众生，实无众生得灭度者。

何以故？须菩提，若菩萨有我相[1]、人相[2]、众生相[3]、寿者相[4]，即非菩萨。

【注释】

①我相：有下列两种含义：

1. 自我观念，认为有作为实体的自我存在的妄相。梵语为 ātma-saṃ-jñā，见本经及其梵本。

2. 由于在妄想中出现的形态与我相似，人们就把它当作实我。即指灵魂。

②人相：有下列两种含义：

1. 伟人之相。见《方广大庄严经》卷一㊅26，542 页。

2. 人我（pudgala，补特伽罗）观念。即作为轮回主体的灵魂的观念。梵语为 pudgala-saṃjñā，见本经及其梵本。

③众生相：对妄想众生身体系由五蕴集合而成的误解。众生观念，即认为生者本身就意味着灵魂或人格主体的存在。梵语为 sattva-saṃjñā，见本经及其梵本。

④寿者相：个体，生命观念。个体（jīva）就意味着灵魂或人格主体的存在。梵语为 jīva-saṃjñā，见本经及其梵本。

【经文】

复次须菩提，菩萨于法[①]应无所住。行于布施[②]。

【注释】

①法：梵语为 dharma，此词含义甚多，一般印度人使用此词时包括下列几种含义：

1. 社会秩序、社会制度。

2. 习惯，风习，行为的规范。

3. 义务。

4. 善，善行，德。

5. 真理，真实，具有普遍意义的道理。

6. 与 satya 同，即真实，谛。

7. 全世界的基础。

8. 宗教义务。

9. 真理的认识规范，法则。

10. 教导，说教。

11. 本质，特性。

12. 法律。

13. 逻辑学中的述语和宾词。

在佛教以外的各派哲学中，“法”被用作专门的术语。如：

1. 在数论派哲学中，“法”为四德之一。四德即法、慧、离俗、自在。见《金七十论》㊅54，1245、1250、1255、1261页；Māṭharap，1；Gauḍ.ad SK.23，44.

2. 在胜论派哲学中，“法”为二十四德（性质）之一。二十四德为：色（rūpa）、味（rasa）、香（gandha）、触（sparśa）、数（saṃkhyā）、量（parimāṇa）、别体（pṛthaktva）、合（saṃyoga）、离（vibhāga）、彼体（paratva）、此体（aparatva）、重体（gurutva）、液体（dravatva）、润（sneha）、声（śabda）、觉（buddhi）、乐（sukha）、苦（duḥkha）、欲（icchā）、瞋（dveṣa）、勤勇（prayatna）、法（dharma）、非法（adha-rma）、行（saṃskāra）。法在这里意为善行。见《十句义论》㊅54，1263、1264、1265页。

在佛教中，“法”的含义也很多，现略述如下：

1.“能持自相故名为法”(sva1akṣaṇa-dhāraṇad dharmaḥ)，这就是说，事物能保持自身存在的本质即名之为法。见《俱舍论》卷一；AKbh.p.2. 这是“法”的基本定义，但实际上在佛典中仍有许多种含义。

2. 真理，法则、规范。梵语为 dharmatā，见《法华经·方便品》；《维摩经》㊅14，545、546 页。

3. 正当的事情(非指善行)，见《出曜经·无放逸品》㊅4，638 页。

4. 指作为理法的缘起。巴利语为 dhamma，见《中阿含》卷七㊅1，467 页；MN.1，p.191；DH.11，p.55.

5. 佛陀的教导，佛法。见《维摩经》㊅14，537 页，巴 dhamma，见《义足经》㊅4，177 页；Sn.784，785. 梵 dharma，见《出曜经》㊅4，643 页。dharma-paryāya，见《有部律破僧事》㊅24，128 页；CPS.S.170.《法华经·寿量品》，Saddharma，见《中论》，《百五十赞》五颂，śāsana，见 Laṅk，dharma-koṡa（法藏），见《法华经》卷一㊅9，5 页；Saddhp.p.23.

6. 三宝之一。三宝为佛、法、僧。见《中阿含》卷十一㊅1，498 页。

7. 具体的戒条，学处。巴利语为 sikkhā-pada，见《游行经》㊅1，11 页；MPS.S.16.

8. 指十二部经。十二部经为：修多罗（sūtra，即经或契经）、祇夜（geya，即重颂）、伽陀（gāthā，讽颂或孤起颂）、尼陀那（nidāna，因缘）、伊帝目多伽（itivṛttaka，本事）、阇多加（jātaka，本生）、阿浮达摩（adbhuta-dharma，未曾有）、阿波陀那（avadāna，譬喻）、优婆提舍（upade śa，议论）、优陀那（udāna，自说）、毗佛略（vaipulya，方广)、和伽罗(vyākaraṇa,授记)。见 Mvyut.1266.《大安般守意经》㊅15, 172 页;《观无量寿经》㊅12, 344 页;南本《涅槃经·圣行品》㊅12, 691 页;《菩萨璎珞本业经》㊅24, 1018 页。在某种场合下十二部经又为:文、歌、记、颂、譬喻、本记、事解、生传、广博、自然、道行、两现。见《般泥洹经》㊅1, 188 页。

9. 本性。梵语为 prakṛti, 见《中论》。

10. 型。见《维摩经》㊅14, 540 页。

11. 意之对象,思想的对象,心的对象,为六境之一。六境为色、声、香、味、触、法。梵语 dharma, 见《般若心经》《中论》《维摩经》㊅14, 541、550 页。六境, 梵语为 ṣaḍviṣayāḥ, 见《俱舍论》卷二;AKbh.p.461.

12. 事物、存在、对象, 即现实世界和佛教所想象的彼岸世界存在的一切现象。对此, 佛教中各派说法不一, 其中最主要的是小乘说一切有部所说的五位七十五法和大乘瑜伽行派所说的五位百法。五位七十五法为:

- 无为法（asaṃskrta-dharmāḥ）
  - 虚空无为（ākāśa）
  - 择灭无为（pratisaṃkhyā-nirodha）
  - 非择灭无为（apratisaṃkhyā-nirodha）
- 色法（rūpāṇi）
  - 眼根（cakṣur-indriya）
  - 耳根（śrotra-indriya）
  - 鼻根（ghrāṇa-indriya）
  - 舌根（jihva-indriya）
  - 身根（kāya-indriya）
  - 色境（rūpa-viṣaya）
  - 声境（śabda-viṣaya）
  - 香境（gandha-viṣaya）
  - 味境（rasa-viṣaya）
  - 触境（sparśa-viṣaya）
  - 无表色（avijñapti）
- 心法（cittaṃ）
  - 遍大地法（mahābhūmikāḥ [dharmāḥ]）
    - 受（vedanā）
    - 想（saṃjñā）
    - 思（cefañā）
    - 触（sparśa）
    - 欲（chanda）
    - 慧（mati）
    - 念（smṛti）
    - 作意（manaskāra）
    - 胜解（adhimokṣa）
    - 三摩地（samādhi）
  - 大善地法（kuśala-mahābhūmikāḥ）
    - 信（śraddha）
    - 勤（vīrya）
    - 拾（upekṣā）
    - 惭（hrī）
    - 愧（apatrapā）
    - 无贪（a1obha）
    - 无瞋（adveṣa）
    - 不害（ahiṃsā）
    - 轻安（praśrabdhi）
    - 不放逸（apramāda）

- 七十五法
  - (saṃskṛta-dharmāḥ)
    - (citta-saṃprayukta-saṃskārāḥ)
      - (kleśa-mahābhūmikāḥ)
      - 大不善地法 (akuśala-mahābhūmikāḥ)
        - 放逸 (pramāda)
        - 懈怠 (kausīdya)
        - 不信 (aśraddha)
        - 惛沉 (styāna)
        - 掉举 (auddhatva)
        - 无惭 (ahrikatā)
        - 无愧 (anapatrapā)
      - 小烦恼地法 (upakleśa-bhūmikāḥ)
        - 忿 (krodha)
        - 覆 (mrakṣa)
        - 悭 (mātsarya)
        - 嫉 (irṣyā)
        - 恼 (prạdāśa)
        - 害 (vihiṃsā)
        - 恨 (upanȧha)
        - 谄 (māyā)
        - 诳 (śaṭhya)
        - 憍 (maḍa)
      - 不定地法 (aniyata-bhūmikāḥ)
        - 恶作 (koukṛtya)
        - 睡眠 (middha)
        - 寻 (vitarka)
        - 伺 (vicāra)
        - 贪 (rāga)
        - 瞋 (pratigha)
        - 慢 (māna)
        - 疑 (vicikitsā)
    - 心不相应法 (citta-viprayukta-saṃskārāḥ)
      - 得 (prāpti)
      - 非得 (aprāpti)
      - 同分 (sabhāgatā)
      - 无想果 (asa mjñika)
      - 无想定 (asamjñi-samāpstti)
      - 灭尽定 (nirodha-samāpatti)
      - 命根 (jīvita)
      - 生 (jāti)
      - 住 (sthiti)
      - 异 (jarā)
      - 正 (anityatā)
      - 名身 (nōma-kāya)
      - 句身 (pada-kāya)
      - 文身 (vyañjana-kāya)

以上七十五法见《俱舍论》卷一。

五位百法为：

- 百法
  - 心法(8)
    - 眼识　身识
    - 耳识　意识
    - 鼻识　末那识
    - 舌识　阿赖耶识
  - 心所有法(51)
    - 遍行(5)
      - 触　受
      - 思　想　作意
    - 别境(5)
      - 欲　胜解
      - 念　定　慧
    - 善(11)
      - 信　无痴　精进
      - 惭　轻安
      - 愧　不放逸
      - 无贪　行舍
      - 无瞋　不害
    - 烦恼(6)
      - 贪　慢
      - 瞋　疑
      - 痴　恶见
    - 随烦恼(20)
      - 忿　恨　覆　恼
      - 嫉　悭　诳　谄
      - 害　憍　无惭　无愧
      - 掉举　昏沉　不信
      - 懈怠　放逸　失念
      - 散乱　不正知
    - 不定(4)
      - 悔　睡
      - 寻　伺
  - 色法(11)
    - 眼　耳　鼻　舌　身
    - 色　声　香　味　触
    - 法处所摄色
  - 不相应行法(24)
    - 得　命根　众同分　异生性
    - 无想定　灭尽定　无想事
    - 名身　句身　文身　生　老
    - 住　无常　流转　定异
    - 相应　势速　次弟　方
    - 时　数　和合性　不和合性
  - 无为法(6)
    - 虚空无为　择灭无为
    - 非择灭无为　不动无为
    - 想受灭无为　真如无为

以上见《大乘百法明门论》㊅31，855页；《维摩经》㊅14，537、539、543、548页；《辩中边论·辨相品》㊅31，465页；MAVbh.ad 1，14.《唯识三十颂》㊅31，60页；《成唯识论》㊅31，1页。梵语又作bhāva，见《中论》；artha，见《中论》。“是十六法”（eṣaṣaḍaśako gaṇaḥ），见《金七十论》㊅54，1245页；gaud. ad SK3.

13. 心之活动，心之功能。见《起信论》㊅32，578页。

14. 实体。见《起信论》㊅32，575页。

15. 法身，为佛的三身之一。印度大乘佛教把佛身想象为三种，但各经典所说不同：一说法佛、报佛、应化佛为三身。见《入楞伽经》㊅16，525页；《大乘入楞伽经》㊅16，596页。另一说法佛、依佛、化佛为三身。见《楞伽阿跋多罗宝经》㊅16，486页。又一说化身、应身、法身为三身。见《合部金光明经·三身分别品》《金光明最胜王经·分别三身品》。三身，梵语为tri-kāya，见《妙吉祥根本智》㊅20，809页；Nāmasaṃ gīti58. 还有一说法身、报身、应身为三身。见《赞法界颂》㊅32，756页。此外，瑜伽行派所立三身为自性身、受用身、变化身。见《成唯识论》卷十㊅31，57—58页。

16. 与主语相对的述语。见《正理门论》。

17. 相当于我国因明学中的义、后陈、差别、能别。见《因明大疏》。

18. 日本密教中所行的祈祷、修法。见《方丈记》。

②布施：与，喜舍。布施，不仅指施与财物，而且包括亲切的照顾与语言的慰藉。信徒给僧人以财物谓之财施，僧人为信徒说法谓之法施。见《法华经》卷一㊅9，8页；《维摩经》㊅14，542

页；《赞佛偈》。巴利语为 dāna，见《杂阿含》卷二十六㊅2，185页；《集异门论》卷九㊅26，403页；《七处三观经》㊅2，877页；AN. Ⅱ · p.32. 梵语亦为 dāna，见《出曜经 · 信品》㊅4，672页；《无量寿经》㊅12，267页；《药师本愿经》㊅14，405页；Bhaiṣ aj.p.8.MAV，MSA.Mvyut.905. 巴利语又作 cāga，见《杂阿含》三十三卷㊅2，237；AN，Ⅳ，p.223.

【经文】

所谓不住色①布施，不住声②、香③、味④、触⑤、法布施。

【注释】

①色：梵语为 rūpa，系由动词 Nrūp 而来，有“作形”的意思，因之 rūpa 一词具有形状的含义。又动词 Nrū 意为“坏”，从而 rūpa 一词又有可变、可坏之物的意思。总之凡具有形体而又有产生、变化的一切物质现象，皆称之为色。此外，色在佛典中还有其他几种含义，如：

1. 颜色。梵语为 varṇa，见《百五十赞》一一〇颂。citra，raṅga，见 MSA.

2. 颜色和形状。即眼睛可见到的具有颜色和形状的客观物质存在。亦即眼根的对象，为六境之一。又称色尘。在阿毗达摩教学中称颜色为显色，形状为形色。巴利语亦为 rūpa，见《义足经》㊅4，186页；Sn.974.《那先经》B㊅32，712页。梵语又作 draṣṭavya，即肉眼可见之物。见《中论》。

3. 形状，物之形状、形态。见《般若心经》。

4. 物质，物质的存在，一般物质现象。构成世界的物质，与色蕴同。见《集异门论》卷一㊅26，367页；《瑜伽论》卷十六㊅30，363页；PG.K.17，p.170.《维摩经》㊅14，546页。

5. 物质（非五蕴之一的色），为心之对象，梵语仍为 rūpa，见 AK，Ⅲ，85.

6. 五位之一的色法，五蕴之一的色蕴。见《俱舍论》卷一。

7. 有形之物。梵语为 rūpin，见 AK.1，35. 巴利语亦为 rūpin，“色观色”（rūpi rūpāni passati），见《长阿含》卷八㊅1，52页；DN. Ⅲ，p.261.

8. 肉体，形骸。见《出曜经》㊅4，622页。

9. 容貌，面色。巴利语为 vaṇṇa，见《法句经·述千品》㊅4，564页；DhP.109.

10. 佛身在众生心中映现的种种形相。见《起信论》㊅32，579页。

11. 色界，由清净物质构成的世界。见《维摩经》㊅14，549页。

12. 胜论派哲学中的二十四德（性质）之一。见《十句义论》㊅54，1263、1264、1265页。

13. 执着。巴利语为 pariggaha，见《义足经》㊅4，181页；Sn.871. 梵语仍为 rūpa，见 MAV.MSA.AK.1.9；10.

14. 色欲。

15. 样子、情态。

②声：有以下几种含义：

1. 声音。耳的对象。梵语为 viṣaya，六境之一。巴利语为 sadda，见《义足经》㊅4，186页；Sn.974. 梵语又为 śabda，见《俱舍论》卷一；AK.1，10.ghoṣa，见 Laṅk。śrotavya，见《中论》《理趣经》㊅8，784 页。

2. 语言，与言声同。梵语为 śabda，见《方广大庄严经》卷四㊅3，560 页；Lalit.p.127.《顺中论》㊅30，42 页。

3. 声论及声论派。声论外道，声显论者，声生论者。见《大日经·住心品》㊅18，2 页。

4. 元音与辅音合成的音节。见《悉昙字记》卷二。

5. 胜论派哲学中的二十四德（性质）之一。见《十句义论》㊅54，1263、1264、1265 页。《俱舍论》卷一。梵语为 śabda，见 MAV.MSA.Laṅk。

③香：有下列几种含义：

1. 香，即用香木或香木皮制成的香。印度人为了清除狐臭和其他臭味，从热带多种香木中提取香料，用以涂身或在室内烧香，已成为传统的习惯。佛教在对佛的十种供养中就有香、抹香、涂香、烧香四种。其余六种为花、璎珞、绘盖、幢幡、衣服、伎乐，另外再加合掌。见《法华经》㊅9，30、31 页。香，依据其原料的不同，分为旃檀香、沉香、龙脑香、伽罗、安息香、郁金香等。又根据其用途的不同，分为涂香和烧香两种。涂香中有香水、香油、香药；烧香中有丸香、抹香、散香、线香等。密教中由于修法种类的不同，在用香上也有区别。有时也把法的功德譬作香，称为戒香、闻香、施香等。又称佛殿为香室、香殿等。在出家僧团中禁止身上涂香，在沙弥十戒中也有禁止在身上涂抹香油一条。

2. 鼻的对象。六境之一。见《俱舍论》卷二；AKbh.p.461.《义足经》㊅4，186 页；Sn.974.《理趣经》㊅8，784 页。《灌顶经》

卷十二㊅21，535页。梵语为gandha，见《俱舍论》卷一；AK.I，10.

3. 胜论派哲学中的二十四德（性质）之一。见《十句义论》㊅54，1263、1264、1265页。

④味：有以下几种含义：

1. 味道，六境之一，舌之对象。共有六种，即：甜、酸、咸、辛、苦、涩，称为六味。见《般若心经》、《俱舍论》卷一。梵语为rasa，见AK.1，10.《百五十赞》一二六颂，svāda，见Laṅk.

2. 感觉的喜悦。见《理趣经》㊅8，784页；《维摩经》㊅14，547页。

3. 爱著。有七种，称作七味。巴利语为assāda，见《七处三观经》。

4. 品味，转义为沉溺、渴爱。梵语为āsvāda，asvādanā。"味谓爱相应"（āsvādanā-saṃprayuktaṃsatṛṣṇaṃ），见《俱舍论》卷二十八；AK. Ⅷ，6.

5. 胜论派哲学中的二十四德之一。见《十句义论》㊅54，1263—1265页。

6. 文字。音节之误译，梵语为vyañjana，见《方便心论》。

⑤触：有下列几种含义：

1. 感触，接触。有七种，即：滑、粗、重、轻、冷、饥、渴。此外，还包括地、水、火、风四元素的四种特性——坚、湿润性、热性、流动性。见《维摩经》㊅14，540页。

2. 可触性。六境之一，身的对象。可触物。梵语为spraṣṭavya，见《般若心经》，Laṅk《俱舍论》卷一；spṛśya，见AK.1，10.

3. 感官与对象的接触。梵语为 saṃ spar śa，见《有部律破僧事》卷七㊅24，134 页；CPS.S.322.

4. 感官、对象、意识三者的接触，亦即根、境、识的三和合。在小乘阿毗达摩中，为十大地法之一。见《俱舍论》卷九、十。梵语为 sparśa，见 AK. Ⅱ，24；Ⅲ，30.《俱舍论》卷九；AKbh.p.231. spar śa=indriya-viṣaya-vijñāna-saṃnipājā spṛṣṭiḥ，见《俱舍论》卷四；AKV.p.127.

5. 接触。根据唯识说，感官（indriya）、对象（viṣaya）、认识（vijñāna）三者和合时，就会有明显的感官的变异。五遍行心所之一。五遍行心所，即：作意、触、受、想、思。见《唯识三十颂》㊅31，60；Sthiramati，《瑜伽论》卷一㊅30，279 页；《成唯识论》㊅31，7 页。

6. 十二因缘之一。sparśa，见 AK. Ⅲ，22.《中论》，《弥勒成佛经》㊅14，431 页。

7. 胜论派哲学中的二十四德之一，见《十句义论》㊅54，1263—1265 页。

8. 数论派哲学中的五唯之一。五唯，即：色、声、香、味、触，亦即五种微细的物质元素。梵语为 sparśa-tanmātra，见《金七十论》㊅54，1250 页；Gaụd，ad SK.22.

9. 男女的接触拥抱。见《理趣经》㊅8，784 页。

10. 不净。

【经文】

须菩提，菩萨应如是布施，不住于相[①]。

【注释】

①相：有以下几种含义：

1. 形态，样子，表露于外的形象。见《无量寿经》㊅12，266页；《维摩经》㊅14，540页；《二菩萨经》㊅20，660页；《上官维摩疏》㊅56，20页。

2. 特质，特征。梵语为1akṣaṇa，见《金七十论》四颂，《瑜伽论》卷十六㊅30，364页；PG.K.44，p.174.“老死相”（jarāmaraṇa-dharma或jarā-mara ṇa-1akṣaṇa，见《中论》。

3. 性质。见《起信论》㊅32，575页。

4. 思，与想同。梵语为saṃjñā，见本经及其梵本。

5. 思留形迹（nimitta-saṃjñā）。nimitta为事物的表相。佛教主张要舍去对这种表相的思念。具体来说，就是要舍离三念（亦称三轮，即施者、受者、施物），即所谓“三轮空寂”或“三轮清净”。“能施、所施及施物，于三世中无所得。我等安住最胜心，供养一切十方佛。”见《心地观经》卷一。“无有相”（nirmitta），即无形迹，离相。见《喻伽论》卷十六㊅30，363页；PG.K.15，p.169.

6. 状态。梵语为avasthā，见《中论》。

7. 境地。见《法华经》卷一㊅9，4页。

8. 征。梵语为nimitta，见《法华经》卷一㊅9，5页；SaddhP.p.26.

9. 佛的三十二种特征，即三十二相。梵语为lakṣaṇāni，见《法华经》卷一㊅9，8页；SaddhP.p.44.lakṣaṇa，见《百五十赞》五十六颂。

10. 有为相。即生、住、异、灭四相。lakṣa ṇ āni，见AK. Ⅱ，45.

11. 有漏。

12. 逻辑学上的定义。lakṣaṇa，见《方便心论》。

13. 推论的证据，证因。梵语为 liṅga，见《金七十论》㊅54，1246 页；SK.5.nimitta，lakṣaṇa，见 MSA.MAV.ākārańlakṣmaaākhya，见 MAV.

【经文】

何以故？若菩萨不住相布施，其福德①不可思量。

【注释】

①福德：有以下几种含义：

1. 功德。由一切善行而得的福利。梵语为 puṇya，见《法华经》卷一㊅9，8 页；SaddhP.p.46.《回诤论》㊅32，16 页；ad vigr，Vy，7.

2. 与善法（kuśālā dharmāḥ）同。见《有部律杂志》卷三十五㊅24，383 页。kuśala，见《法华经》卷一㊅9，7 页；SaddhP.p.41. dharma，见《中论》。“福德威神力”（puṇya-anubhāva），见《药师本愿经》㊅14，405 页；Bhaiṣaj，p.6.“福德大”（maheśākhya），见 AKbh.p.125.

3. 在六波罗蜜中，一般以前面五波罗蜜为福德，以便与智慧波罗蜜相对。见《成唯识论》卷九㊅31，49 页。

【经文】

须菩提，于意①云何？东方虚空可思量不？

不，不也。世尊。

须菩提，南、西、北方，四维[2]上下虚空[3]可思量不？

不，不也。世尊。

须菩提，菩萨无住相布施，福德亦复如是不可思量。

须菩提，菩萨但应如所教住。

【注释】

①意：有以下几种含义：

1. 思量，心，思，思想活动。梵语为 manas，见 AK.1，16；17；Ⅱ，34；Ⅳ，64.MAV.MSA.Laṅk.《无量寿经》㊅12，266 页，《般若心论》㊅8，848 页。巴、梵 citta，见《长阿含》卷二㊅1，14 页；KN.XXII，P.12，MPS.S.176.

2. 意处。巴利语为 mano，见《中阿含》卷四十七㊅1，723 页；MN. Ⅲ，p.63。梵语为 mana-āyatana，见 AK.1，16.《俱舍论》卷一。

3. 意识。梵语为 mano-vijñāna，见 AK. Ⅲ，42，MSA.MAV.《成唯识论》㊅31，37 页；《唯识三十颂》㊅31，60 页；Mvyut.2026. vijñānam…mānasam，见 AK.IV，11.manas，见 Laṅk.manaś-citta（mano-vijñāna），见 AK.IV，58.《俱舍论》卷一、二、十。

4. 思考器官，与心、识同。梵语为 manas，见 AKV.p.141.

5. 在唯识学中为第七末那识的异名。见《唯识二十论》㊅31，74 页。

6. 目的，意趣。梵语为 abhiprāya，见 Laṅk.MSA.

7. 意向。梵语为 āśaya，见 AK，IV，55.

8. 由心迷而生的种种妄念。见《起信论》㊅32，577 页。

9. 佛的教导。梵语为 niti，见《宝性论》㊅31，847 页。

10. 在胜论派哲学中，意是“我”和各种感觉器官（诸根）之间联络的中介，它把各种感官的感觉传送给“我”，然后“我”即通过意下达命令而形成意志活动。这和自《奥义书》以来各种宗教哲学把意作为心理现象的主体的传统看法是完全不同的。胜论派认为，意决非精神的存在，而是由极微组成的有触体（sparśavat），亦即由原子组成的无知觉的物质实体。见 Vaiśeṣika-sūtra，T，1，23.

②四维：有两种含义：

1. 四个中间的方位：东南（巽）、东北（艮）、西南（坤）、西北（乾）。巴利语为 anudisaṃ··· 见《增一阿含》卷十九㊅2,643 页；SN. Ⅲ，p.124.《大品般若经 · 问乘品》㊅8，250 页；《无量寿经》㊅12，270 页。

2. 东西南北。

③虚空：有以下几种含义：

1. 空间，太空，空中。虚、空皆为无的别称。由于它既无形质，而且其存在也不妨害其他事物，所以称为虚空。见《俱舍论》卷一。佛教文献中，在某些表示无限和遍在的场合，常用虚空作为譬喻。见《异部宗轮论》㊅49，15 页；《华严经》卷一㊅9，395 页；《维摩经》㊅14，538、540 页；《无量寿经》㊅12，274 页。梵语为 ākāśa，见 Laṅk.kha，见 Laṅk.《佛所行赞》卷一㊅4，1 页；Buddhac，1，Ⅱ .gagana-tala，见《有部律药事》卷十三㊅24，62 页；Divyav.30.nabhas，见《观音经》；SaddhP.p.368.Laṅk.

2. 与无同。见《那先经》A ㊅32，696 页。

3. 具有空间和以太两种含义的自然界的原理。见《中论》。

4. 无为法之一。物质存在的空间。梵语为 ākāśa，见《俱舍论》卷一；AK.1，5.《瑜伽论》卷三㊅30，293 页。

【经文】

须菩提，于意云何？可以身相[①]见如来不？

不也，世尊。不可以身相得见如来。何以故？如来所说身相，即非身相。

【注释】

①身相：有两种含义：

1. 身体的特征，特相。特别是指佛陀身体的三十二种特征，即三十二相。梵语为 lakṣaṇa，见《俱舍论》卷一。"无有身相"（alabdha-ātmaka），见 Laṅk.

2. 肉体的形骸。见《瑜伽论》卷三十四㊅30，478 页。

【经文】

佛告须菩提：凡所有相，皆是虚妄。若见诸相非相，即见如来。

须菩提白佛言：世尊，颇有众生，得闻如是言说章句[①]，生实[②]信[③]不？

佛告须菩提：莫作是说。如来灭后，后五百岁，有持戒修福者，于此章句能生信心[④]，以此为实。

【注释】

①章句：语句。梵语为 nirukti，pāṭha，见 Laṅk.

②实：有以下几种含义：

1. 真实，的确。梵语为 satya，见《法华经 · 寿量品》。bhūta，见《法华经 · 寿量品》；SaddhP.p.278.《法华经 · 安乐行品》；SaddhP.p.239.avandhya，见 MSA.

2. 真理。梵语为 tattva，见《中论》，MAV，MSA.

3. 真实的。梵语为 tathya，见《中论》。tathā，见 MAV.

4. 现有的事实。梵语为 tattva，见《佛所行赞》卷一㊄4，4 页；Buddhac，Ⅱ，38.

5. 实在之物，实在之事。梵语为 bhūta，见《法华经·寿量品》。

6. 实体，物体。梵语为 dravya，见 Mvyut.4601.dravyadharma，见《俱舍论》卷四；AKV.p.148.dravya，dravyatva，dravya-sat，见 MSA.

7. 具有实体性的事物。见《俱舍论》卷二，梵语为 dravyavat，见 AKL.1，38.

8. 胜论派哲学中为抽掉一切属性的实体。“业（Karma）德，和（guṇa）之和合因缘（Samavāyi-kārāṇa），即为实之特相。”见 Vaiśeṣika-sūtra，1，1，15.“和合因缘”意为主体。这句话的意思即“实体系业（作用）和德（性质）的主体”。这就是说业和德必须依赖实体而存在，实体决定了业和德。实体有九种，即：地、水、火、风、空、时、方、我、意。这些实体如与德（性质）结合则会产生各种不同的现象，但从总的方面来说皆属于同一范畴。因为它们都各有获得不同属性的可能性，所以又可把它们分别看作独立的物质实体。

③信：梵语为 śraddhā，有以下几种含义：

1. 信仰。与精进、念、定、慧同为五根之一。巴利语为 saddhā，见《长阿含》卷二㊅1，Ⅱ页；MPS.1.8.《中阿含》卷十㊅1，490 页；SN. Ⅱ，p.30；31.śrarddhā，见 AK.11，32.《俱舍论》卷二十五；AK.VI，69.śraddadhāna，见 MAV.

2. 心作用(心的活动，心所)之一。大善地法之一。见《俱舍论》卷四。śraddhā，见 AK. Ⅱ，25.《唯识三十颂》㊅31，60 页；《成唯识论》㊅31，29 页。“无信”（āśraddheya），见 Laṅk.

3. 排除在瞑想过程中所产生的六种缺陷中的懈怠（kausīdya）的要素之一。梵语为 śraddhā，见《广释菩提心论》卷二㊅32，567 页；Bhk.p.208；256.

4. 信仰的结果，使心澄净。巴利语为 pasāda，见《五分律》卷一㊅22，3 页；《四分律》卷一㊅22，570 页；《僧祇律》卷一㊅22，228 页；Vinaya Ⅲ，P.21. 梵语为 prasāda，见《无量寿经》，MSA.《回诤论》㊅32，16 页；ad Vigr.Vy.7.prasīdati，见 MSA.“信者令心澄净”（ś raddhā cetasa ḥ prasāda ḥ），见《俱舍论》卷四；AKV.p.128.“已生信者”（prasanna），见《菩萨地持经》卷三㊅30，503 页；Bodhis.p.105.

5. 对真理的确信，对真理的透彻理解，明确的认识。梵 adhi-Nmuc，prati-Ni，见《无量寿经》。adhimukti，见 MSA.adhimukta，adhimokṣa，见 MSA.saṃpraty-aya，见 MAV.saṃpratyāyana，见 MAV.“令信”（saṃbhāvanā bhavati），见 MAV.“令他信”（para-vijñapti），见 MAV.

6. 相信其说。“能信佛语”（śraddhā），见 Laṇk.“信其说”（巴 abhippa-sanna），见《杂阿含经》卷三十二㊅2，231 页；SN. Ⅳ，p.320.

7.“信则所言之理顺”之信。见《上官维摩疏》㊅56，20 页。

8. 信赖，信用。梵语为 pratyaya，见 Bodhis.p.134.ādeya，见 MSA.“可信”（saṃpratyayita），见 Bodhis.p.13.“可信”（巴 saddheyya-vacas），见《五分戒本》㊅22，196 页；Aniyata1.“人所信者”（巴 mahesakkha），见《那先经》A.B ㊅32，698、714 页。

9. 七圣财之一。梵语为 śrddhā，见 AK.IV.115. 七圣财为信财、戒财、惭财、愧财、闻财、舍财、慧财。见《集异门论》卷十六㊅26，436 页；《有部律》㊅23，669 页。

10. 认识根据，可信根据。与量同。有四种：现事、比知、譬喻、贤圣所说。见《中论释》。

11. 指十信。即修行菩萨必经的五十二阶段中最初的十个阶段，亦即初心的修道者所必修的十种心。据《璎珞经》为信心、念心、精进心、定心、慧心、戒心、回向心、护法心、舍心、愿心。《仁王经》中换舍心为施心，《梵纲经》中换信、念、回向三心为忍心、喜心、顶心，《首楞严经》中又以不退心代舍心，且顺序亦不同。

12. 相信阿弥陀佛的本愿。例如原业、报、谛和三宝之信解、心之澄净和愿望。梵语为 karma-phala-satya-ratneṣv abhisaṃ-pratyayaḥprasāda ścetaso，bhilāṣaḥ，见 Sthiramati adTriṃśsikā.

④信心：指对佛陀的教导坚信无疑的信心，信念。梵语为 adhyāśaya，见《无量寿经》㊅12，272 页。dharma-adhimukti，prasāda，见 MSA.adhimuktika，见 Laṅk.《五分律》卷六、十六㊅22，40、109 页；《灌顶经》卷十二㊅21，533 页。“能有净信心”

(śrāddha)，见《有部律杂事》卷三十六㊅24，385 页；MPS.S.154.“信心增踊跃”（śraddhā-vardhita-prīti），见《佛所行赞》卷三㊅4，24 页；Buddhac.XII，111.“不生信心”（anicchantikatā）、“无信心”（asuddha-citta-saṃtāna），见 Laṅk.

【经文】

当知是人，不于一佛、二佛、三四五佛，而种善根[①]，已于无量千万佛所，种诸善根。

【注释】

①善根：必得好报的善之业因，善行。以善为树根的譬喻。功德之源。善德之根本。见《俱舍论》卷二十三。梵语为 kuśala-mūla，见《阿弥陀经》㊅12，347 页；SSukh.10.《宝性论》㊅31，831 页。MSA.MAV.Ku ś ala，见 MSA.MAV.śubha，见 MSA.《华严经》卷一㊅9，395 页。“善根相应”（kuśala-anukūla），见 MAV.

【经文】

闻是章句，乃至一念[①]生净信[②]者。须菩提，如来悉知悉见，是诸众生得如是无量福德。

【注释】

①一念：有以下几种含义：

1. 极短的时间。印度人把六十刹那或九十刹那称为一念，但有时又把一刹那或一瞬间称为一念。见《八十华严》卷四十七㊅

10，251、258 页；《顺正理论》卷二十七㊅29，493 页。

2. 现在一刹那之心，在极短时间中产生的心的作用，一度之想。见《二菩萨经》㊅20，662 页。

3. 一度之念，又称一心。梵语为 eka-citta-utpāda，见《无量寿经》㊅12，272 页；LSukh（荻原本）p.96.《上官维摩疏 · 佛国品》。

4. 称念。一声称名念佛称为行之一念。

5. 一念之信心，一念之真心，指在极短时间中产生的信心。见《法事赞》㊅47，435 页。

6. 突然一念。梵语为 kṣaṇena，见《百五十赞》一二三颂。《俱舍论》卷六、二十四、二十七。

②净信：纯净的信仰、纯净的信心。梵语为 prasāda，见 Laṅk。śraddhā，见 Laṅk. “已净信者”（prasanna），见《瑜伽论》卷三十八㊅ 30，503 页；Bodhis.p.105. 这里 prasanna 一词系佛教梵语的特有用法，近代梵语 prasannacitta 一词则表示对神和国王的信仰。

此外，净信还有“以净心确知”的含义。梵语为 adhimokṣśa，dharma-adhimukti，见 MSA.《俱舍论》卷十三、十九。

【经文】

何以故？是诸众生无复我相、人相、众生相、寿者相，无法相①，亦无非法相。

【注释】

①法相：有以下几种含义：

1. 指各种法(七十五法)的特质。梵语为 dharma-lakṣaṇa，见《俱舍论》卷一；AKbh.p.2.

2. 事物的观念。梵语为 dharma-saṃjñā，见本经及其梵本。

3. 清净之教的特质。“诸法相”(dharma bahū viśuddhāḥ)，见《法华经》卷一㊅9，8 页；Saddhp.p.46.《正法华》中作“经法无数清净”。

4. 一切事物的真实形态，一切诸法的本性，真理的特质。见《维摩经》㊅14，537、556 页。《法华玄义》㊅33，782 页。梵语为 dharmatā，见罗什译《小品般若》；Aṣṭasāhasrikā ed.byWogihara，p.88；540.

5. 诸法差别之形态。

6. 现象存在的形态。见《金刚仙论》卷十㊅25，869 页。

7. 事物存在的形态，现象界的事物。

8. 教义的纲目。梵语为 dharma-gati，dharma-grāha，见 Laṅk.

【经文】

何以故？是诸众生，若心取相，即为著我、人、众生、寿者；若取法相，即著我、人、众生、寿者。何以故？若取非法相，即著我、人、众生、寿者。

是故不应取法，不应取非法。

以是义故，如来常说：汝等比丘，知我说法，如筏喻①者。法尚应舍，何况非法？

【注释】

①筏喻：以佛的教导为渡人过河的譬喻。当佛陀教导修行者

在修行中切勿将目的与手段混为一谈时常用这种譬喻。

【经文】

须菩提，于意云何？如来得阿耨多罗三藐三菩提耶？如来有所说法耶？

须菩提言：如我解佛所说义，无有定法名阿耨多罗三藐三菩提，亦无有定法如来可说。何以故？如来所说法皆不可取，不可说，非法，非非法。所以者何？一切圣贤皆以无为法①而有差别。

【注释】

①无为法：指无生灭变化、亦非因缘和合而成的常住绝对的存在，亦即不受因缘支配的涅槃与解脱了轮回之苦的境地。梵语为 asaṃskṛta，见 Laṅk.asaṃskṛtāḥ[dharmāḥ]，见《俱舍论》卷五；Akbh.p.25.《异部宗轮论》㊅49，15 页；《维摩经》㊅14，541 页。

【经文】

须菩提，于意云何？若人满三千大千世界①七宝②，以用布施，是人所得福德宁为多不？

【注释】

①三千大千世界：亦称三千世界。根据古代印度人的世界观来说，他们把整个宇宙称作三千大千世界。人类所居住的世界，称为一小世界。它以须弥山为中心，周围有四大洲，其周又有九

山八海。它所包括的范围，上自色界的初禅天，下至地下的风轮。其中有日、月、须弥山、四天下、四天王、三十三夜、夜摩天、兜率天、乐变化天、他化自在天、梵世天。集一千个这样的小世界称为一小千世界，集一千个小千世界称为一中千世界，再集一千个中千世界称为一大千世界。因大千世界包含大、中、小三种“千世界”，故称三千大千世界。佛教沿用此说，并认为一大千世界为一佛教化的范围，亦称一佛国。三千大千世界，梵语为 tri-sāhasra-mahāsāhasra， 见 MAV.tri-sāhasra-mahāsāhasra-1oka-dhātu，见《有部律杂事》㊅24，211 页；Divyāv，19.《观无量寿经》㊅12，343 页；《维摩经》㊅14，537 页。

②七宝：巴利语为 satta-ratana，梵语为 sapta-ratna，即七种宝石。佛教文献中的异说很多，如：

1. 金（suvarṇa）、银（rūpya）、琉璃（vaiḍurya）、颇黎（sphaṭika，水晶）、砗磲（musāraga1va）、赤珠（1ohita-muktika，珊瑚）、玛瑙（aśmagarbha）。

2. 珊瑚、琥珀、如意珠、甄叔迦（kiṃśuka）、释迦毗陵迦（śakra-abhi1agna）、摩罗迦陀（marakata）、金刚。

3. 金、银、珊瑚、珍珠、砗磲、明月珠、摩尼珠。

4. 金、银、琉璃、珊蝴、琥珀、砗磲、玛瑙。见《无量寿经》㊅12，270 页。

5. 金、银、琉璃、砗磲、玛瑙、珍珠、玫瑰。见《法华经·授记品》㊅9，21 页。

6. 金、银、毗琉璃、颇黎、砗磲、玛瑙、赤珍珠。见《大智度论》卷十㊅25，224 页。

7. 转轮圣所具备的七宝，即：金轮宝、白象宝、绀马宝、神珠宝、玉女宝、主藏臣、主兵臣。见《弥勒成佛经》㊅14，429—430 页；《俱舍论》卷四、十二；《灌顶经》卷十二㊅21，533 页。七宝，梵语为 hiraṇya-suvarṇa（金），maṇi-mukta（摩尼珠），vajra（金刚），vaiḍūrya（琉璃），śaṅkhaśilā（珍珠母），pravāḍa（珊瑚），aśmagarbha（玛瑙），musāragalva（砗磲），lohitamuktā（赤珠、珊瑚）。见《观音经》；SaddhP.p.362.《药师本愿经》㊅14，405 页；Bhaiṣaj.p.8.

【经文】

须菩提言：甚多，世尊。何以故？是福德，即非福德性。是故如来说福德多。

若复有人，于此经中受持①，乃至四句偈②等，为他人说，其福胜彼。

【注释】

①受持：有以下几种含义：

1. 受教并牢记不忘。梵语为 dhārayati，见《观音经》；SaddhP.p.364.udgrahaṇa，见 Mvyut.908.dhāraṇa，见 MSA. 巴利语为 samatta，samādinna（受戒者），见《杂阿含》卷四十㊅2，290 页；SN.1，p.227. 梵语又为 uddeśa（示教），见 Badhis.p.68；297；410.《维摩经》㊅14，537 页；《灌顶经》卷三十三㊅21，533 页。“受持法”（巴 dhamma-dhāraṇa），见《杂阿含》卷十二㊅2，237 页；AN.IV，p.223。“令受持”（uddeśa-dāna），见 Bodhis.p.264.“难受难持”（dhandham

uddiśet)，见 Bodhis.p.176.

2. 领受根据正式作法裁制的衣服，亦称受持。见《十诵律》卷二十三。巴利语为 adhiṭṭhita。

3. 十法行之一。梵语为 udgrahaṇa，见《辨中边论》㊅31，474 页。udg-raha，见 MAV。udgṛhita，upa-Ndā upādāya，grāhaka，见 MSA. 十法行为对经典的十种行法，即：书写、供养、施他、谛听、披读、受持、开演、讽诵、思维、修习。见《辩中边论·辩无上乘品》㊅31，474 页。

②四句偈：四行诗，由四句构成的偈颂。梵语为 catuṣ-pādikā-gātha，见本经及其梵本。“其余有说四句之偈，所谓‘诸恶莫作，众善奉行，自净其意，是诸佛教。’是名伽陀。”见南本《涅槃经》卷十四㊅12，693 页。

【经文】

何以故？须菩提，一切诸佛，及诸佛阿耨多罗三藐三菩提法，皆从此经出。

须菩提，所谓佛法者，即非佛法。

须菩提，于意云何？须陀洹①能作是念，我得须陀洹果不？须菩提言：不也，世尊。何以故？须陀洹名为入流，而无所入。不入色、声、香、味、触、法，是名须陀洹。

【注释】

①须陀洹：梵语 srota āpanna 的音译。汉译为入流、至流、逆流、沟港、预流，为声闻四果（小乘佛教关于修道的四个阶位）

中的初果。入流意为初入圣道，逆流意为背于生死之流。巴利语为 sotāpanna，见《长阿含》卷二㊅1，13 页；MPS. Ⅱ，7f；MPS. S.168.《中阿含》卷十八㊅1，546 页；MN.1，P.467.《十诵律》㊅23，129 页。梵语又作 stota āpatti，见 Laṅk.《游行经》㊅1，13 页；MPS.S.11，7.《四分律》㊅22，578 页；《观无量寿经》㊅12，345 页；《维摩经》㊅14，547 页；《灌顶经》卷十二㊅21，534 页。声闻四果为：须陀洹果（预流果）、斯陀含果（一来果，巴 sakadāgāmin，梵 sakṛdāgāmin）、阿那含果（不还果，巴、梵 anāgāmin）、阿罗汉果（无学果，巴 arahanta，梵 arhat）。

【经文】

须菩提，于意云何？斯陀含①能作是念，我得斯陀含果不？须菩提言：不也，世尊。何以故？斯陀含名一往来而实无往来，是名斯陀含。

【注释】

①斯陀含：汉译为一来。声闻四果之第二果。根据小乘阿毗达摩所说，在欲界思惑九地中，已断前六品，尚余三品思惑，所以还得于欲界之人、天受生一度，故称一来或一往来。见《长阿含》卷一㊅1，13 页；MPS. Ⅱ，7；MPS.S.166.《四分律》㊅22，578 页；《十诵律》㊅23，129 页。

【经文】

须菩提，于意云何？阿那含①能作是念，我得阿那含果

不？须菩提言：不也，世尊。何以故？阿那含名为不来，而实无不来，是故名阿那含。

【注释】

①阿那含：汉译为不来或不还。声闻四果之第三果。欲界烦恼已断尽，故不再来迷惑的世界之意。早在古《奥义书》中就已有彻底认识真理的人不再还归此世的说法，佛教继承此说，谓已断尽欲界思惑的圣者未来将生于色界和无色界而不再还欲界，故称不来或不还。

【经文】

须菩提，于意云何？阿罗汉[1]能作是念，我得阿罗汉道不？须菩提言：不也，世尊。何以故？实无有法名阿罗汉。世尊，若阿罗汉作是念，我得阿罗汉道，即为著我、人、众生、寿者。

【注释】

①阿罗汉：汉译为杀贼、应供，或简称为罗汉。声闻四果之最后一果。因其断尽三界一切烦恼，故称杀贼；又因应受人、天供养，故称应供。当佛教兴起时期，阿罗汉本系各宗教对值得尊敬的修行者的通称。例如直到今天，耆那教徒仍把耆那教的创始人大雄称为阿罗汉。最初，佛教只称佛陀为阿罗汉。见《有部律杂事》卷三十五㊅24，383 页；MPS.S.114；116.《有部律破僧事》卷六㊅24，129 页。以后，随着佛陀的逐渐被神化，阿罗汉便成

为佛陀的十号之一。小乘佛教时期，为了把佛陀和阿罗汉相区别，遂把佛弟子可能达到的最高境地称为阿罗汉。见《游行经》㊅1，13 页；《四分律》㊅22，578 页；《十诵律》㊅23，8 页；《维摩经》㊅14，547 页；《法华经》卷一㊅9，1 页；Saddhp.p.1.《灌顶经》卷十二㊅21，534 页；《阿弥陀经》㊅12，346 页；SSukh，1. 梵语又为 arhattva，见 AK Ⅱ，17.arihan，见 MSA.K.XVII，45.

【经文】

世尊，佛说我得无诤三昧[①]，人中最为第一，是第一离欲[②]阿罗汉。世尊，我不作是念：我是离欲阿罗汉。

【注释】

①无诤三昧：与人无争的境地。见《维摩经》㊅14，540 页。“得无诤三昧”（araṇa-vihārin），见《摩诃般若经》卷三㊅8，234 页；Pvp.p.122. 按，梵语 araṇa，意为无战，无战亦即心中毫无芥蒂，亦即心中毫无迷惑。

②离欲：有以下几种含义：

1. 脱离贪欲。巴利语为 virāga。见《杂阿含》卷一㊅2，1 页；SN. Ⅲ，p.19.《杂阿含》卷二㊅2，8 页；SN.111.p.43.《杂阿含》卷三㊅2，19 页；SN. Ⅲ，p.65.《有部律杂事》卷三十五㊅24，383 页；MPS.S.128. 梵语为 virajyate，virakta，vita-rāga，vairāgya，见 AKbh. Laṅk.《佛所行赞》卷三㊅4，23 页；Buddhac.XII，48.“圣者未离欲”（ārya-rāgin），见 AK. Ⅱ，21.“已离欲”（vītarāga），见《俱舍论》卷二十六㊅29，138 页；AKbh.p.405.

2. 脱离欲界之欲。梵语为 vairāgya，见 AK.IV，61.

3. 在数论派哲学中，为四德之一。四德为法、慧、离欲、自在。梵语为 vairāgya，见《金七十论》(大)54，1245 页；Mā ṭhara p.1.《金七十论》(大)54，1256 页；Gauḍ，ad SK.45. 梵语 virakta（离欲者），见《金七十论》(大)54，1251 页；Gauḍ，ad SK.23. “离欲故没性”（vairāgyāt prakṛti-layaḥ），见《金七十论》四十五颂(大)54，1256 页。

【经文】

世尊，我若作是念：我得阿罗汉道。世尊则不说。须菩提，是乐阿兰那[①]行者。以须菩提实无所行，而名须菩提，是乐阿兰那行[②]。

【注释】

①阿兰那：巴利语为 arañña，梵语为 araṇya. 又音译为阿兰若、阿练若、阿烂拿、阿兰拿等。有以下几种含义：

1. 森林，包括原野和荒地。

2. 僧人修行的场所。

3. 修行僧所居住的茅庵或小屋。见《四分律》(大)22，573 页；《有部律杂事》卷三十五(大)24，383 页。梵语为 vana-bhūmi，araṇya-vana，见 Laṅk.

②阿兰那行：即常住于森林的修行，为十二头陀之一。

【经文】

佛告须菩提：于意云何？如来昔在然灯佛[①]所，于法有所得不？不也，世尊。如来在然灯佛所，于法实无所得。

【注释】

①然灯佛：即燃灯佛，又译为锭光佛。梵语为 Dīpaṃkara，音译为提洹竭、提和竭罗。根据佛教传说，在过去世，然灯佛生时，身边一切如灯，故称然灯太子。后成佛，亦称然灯。然灯佛时，佛陀前身名儒童（Mānava），曾以七茎莲奉佛，并布发于泥，请佛蹈之而过。佛因授记曰：是后九十一劫，名贤劫，汝当作佛，号释迦文如来。见《太子瑞应本起经》、《大智度论》卷九。

【经文】

须菩提，于意云何？菩萨庄严[①]佛土[②]不？不也，世尊。何以故？庄严佛土者，即非庄严，是名庄严。

【注释】

①庄严：有以下几种含义：

1. 建立光辉、悦目的配置和排列。梵语为 vyūha，见《阿弥陀经》㊅12，347 页，SSukh.4，5，6，7，《无量寿经》㊅12，267 页。

2. 装饰、美饰、饰物。梵语为 alamkṛta，见《有部律破僧事》卷六㊅24，129 页，CPS.S.192. 又梵语为 bhūṣita，见 AK. Ⅲ，67.《俱舍论》卷十一、十七；《理趣经》㊅8，784 页；《华严经》卷三㊅9，410 页。又梵语为 alaṁkāra，alaṁkaroti，alaṁkriyate，bhūṣaṇa，śobhākaratva，见 MSA，MAV.

3. 被饰。梵语为 upaśobhana，upasaṁhāra，upanibaddha，见

Laṅk，如“庄严之事”，见《灌顶经》卷十二㊅21，532页。

4. 在某些佛教宗派中，指献花、献灯、烧香等仪式。

②佛土：有两种含义：

1. 佛国，佛的世界。梵语为 kṣetra，见《法华经》卷一㊅9，3页，《正法华》卷一㊅9，65页，SaddhP.p.14. 又梵语为 buddha-kṣetra，见《阿弥陀经》㊅12，346页，SSukh.p.2.《药师本愿经》㊅14，405页，Bhaisaj.p.2，L，10.

2. 与净土同。

【经文】

是故，须菩提，诸菩萨摩诃萨①应如是生清净②心，不应住色生心，不应住声、香、味、触、法③生心，应无所住而生其心。

【注释】

①菩萨摩诃萨：即指菩萨。摩诃萨，梵语为 mahā-sattva，系菩萨的尊称，意为具有大志的人，亦为众人之上首、求大菩提（mahā-bodhi，大觉）者的通称。见《观音经》，SSukhP.《阿弥陀经》㊅12，346页；《大品般若经·金刚品》㊅8，243页，PvP.p.169.

②清净：纯粹、脱离烦恼、无恶。梵语为 parisuddha，见《五分戒本》㊅22，196页。pari śuddha（MSA），pari śuddhi（MSA），pari śodhana（MSA），śuddha（MSA），śuddhi（MSA，MAV），saṁ śuddhi（MSA），ś odhana（MSA），śauca（AK.IV，64），cokṣa（《法华经》卷一㊅9，3页；SaddhP.p.12），Viśodhita（《百五十赞》三十颂），

viśuddha（MAV，MSA，《宝性论》卷四㊅31，843 页；RGV.p.79），viśuddhi（MSA，MAV），vyavadāna（AK. Ⅱ，3），vyavadāyante（MSA），aneḍaka（其清如蜜的，见 Bodhis.p.75）。此外，还有下列各种含义：

1. 澄清，见《有部律出家事》卷二㊅23，1027 页；《灌顶经》卷十二㊅21，532 页等。如诸根清净 [梵 viprasannāni indriyāṇi，见 CPS.S.382）、不清净（梵 aviśuddhi，见《金七十论》㊅54，1245 页；Māṭhara p.8）、内外清净（梵 śauca，为数论派和瑜伽派所说的内制（梵 niyama）之一，见《金七十论》㊅54，1250 页；GauḍadSK.23]。

2. 心地清澄，诚信之一（巴 Sampasādana，见《那先经》B ㊅32，707 页；Mi1.P.p.34）。

3. 为如来的同义语，见 Mvyut.67.

4. 在真言密教中，称脉管（梵 rasanā）为清净。见《大悲空智经》序品㊅18，588 页；Hevajara1，1，15.

5. 承认世俗道德，如“复告诸比丘：虽是我所制，而于余方不以为清净者，皆不应用；虽非我所制，而于余方必应行者，皆不得不行。”见《五分律》卷二十二㊅22，153 页，参看道宣：《四分律行事钞》㊅40，27 页。

清净心，无执着心。梵语为 apratiṣṭhita-citta。

③色、声、香、味、触、法：即十二处（梵语为 dvādaśāyatana）中的六外处（梵 ṣaḍ bāhya-āyatanāni，见 AKbh.p.423，又称六外入处；巴利语为 cha bāhirāni āyatanāni，见《杂阿含经》卷四十三㊅2，314 页，SN. Ⅳ .p.180），十八界（梵语为 aṣṭādaśadhātu）中的六境

（梵语为 ṣaḍviṣayāh，见 AKbh.p.461），亦即六根（眼、耳、鼻、舌、身、意）的六种对象。现分述于下：

色（梵 rūpa），指客观存在的有形体和颜色的物质，为眼根的对象。

声（梵 śabda），为耳根的对象，指语言和各种声音。

香（梵 gandha），为鼻根的对象，包括好、恶、等、不等四种香和臭味。

味（rasa），为舌根的对象，包括酸、甜、苦、辣、咸五味。

触（sparśa），为身根的对象，包括坚、湿、暖、动、重、轻、滑、涩、饥、渴、冷等十一种感觉。

法（梵 dharma），为意根的对象，亦即意识所思考的一切对象。

【经文】

须菩提，譬如有人，身如须弥山①王，于意云何？是身为大不？须善提言：甚大，世尊。何以故？佛说：非身，是名大身。

【注释】

①须弥山：梵语 Sumeru 的音译，意译为妙高山。据佛典云，须弥山为高耸于世界中心的巨大山峰，立于大洲之中，金轮之上，高出水面八万由旬（yojana）。日月绕山而行，六道、诸天皆在其侧或上方。山顶有帝释天所居之宫殿。见《道行般若经》卷八㊅8，465 页；《有部律乐事》卷十四㊅24，64 页及 Divyāv.30；《无量寿经》㊅12，270 页；《维摩经》㊅14，549 页及 śikṣ.p.6. 又梵语为 Meru，

见《佛所行赞》㊅4，26 页及 Buddhac.XⅢ，57.

须弥山王，因须弥山为众山之王，故称须弥山王。

【经文】

须菩提，如恒河[①]中所有沙数，如是沙等恒河，于意云何？是诸恒河沙[②]，宁为多不？

【注释】

①恒河：梵语为 Gaṅgā-mahānadī，Gangā，Gaṅga-nȧdī，见 Laṅk.

②恒河沙：喻其众多如恒河之沙，梵语为 GaṅGā-nadī-vālukā，gaṅgā-nadī-vālikā，见《观音经》及 SaddhP.p.364. 按，Vālikā 一词在梵语文献中意为水波，并无用作“沙”的例子，用作“沙”的含意者为佛典所特有。见《维摩经》㊅14，546 页。

③恒河沙数：梵语为 Gaṅgā-nadī-vālukā，其含意同恒河沙。见 MSA.

【经文】

须菩提言：甚多，世尊。但诸恒河尚多无数，何况其沙。

须菩提，我今实言告汝，若有善男子、善女人，以七宝[①]满尔所恒河沙数三千大千世界，以用布施，得福多不？须菩提言：甚多，世尊。佛告须菩提：若善男子、善女人，于此经中，乃至受持四句偈等，为他人说，而此福德，胜前福德。

【注释】

①七宝：参见前注。此外，七宝还与七财、七圣财同。七财、七圣财巴利语为 satta-dhanāni，梵语为 sapta-dhanāni。七财意为修行佛道所必需的七种德行或为获得觉悟的七种教育，即信财、戒财、惭财、愧财、闻财、舍财、慧财。

②三千大千世界：梵语为 tri-sāhasra-mahāsāhasra（MAV），tri-sāhasra-mahā-sāhasra-loka-dhātu（《有部律杂事》㊅24，211 页及 Divyav.19，MSA），又称三千大千国土，梵语为 tri-sāhasra-mahā-sāhasra-loka-dhātuḥ（《观音经》及 SaddhP.p.263），或简称三千世界（参见前注）。据佛教的说法，我们所居住的世界，是一个小世界。其中，以须弥山为中心，周围有四大洲，其周有九山八海。这个小世界，上自色界的初禅天起，下至大地之下的风轮止。这个小世界包括日、月、须弥山、四天下、四天王、三十三天、夜摩天、兜率天、乐变化天、他化自在天、梵世天。集合一千个小世界为一小千世界，集合一千个小千世界为一中千世界，集合一千个中千世界为一大千世界。由于三次集合，故称三千大千世界。实际上，一大千世界即三千大千世界，亦即十亿世界。如：

太阳系 ×1000= 小千世界

小千世界 ×1000= 中千世界

中千世界 ×1000= 大千世界

③四句偈：即四行诗，亦即由四句组成的诗颂。梵语为 catu ṣ-pādikā gāthā。如：“其余有说四句之偈，所谓‘诸恶莫作，诸善奉行，自净其意，是诸佛教。’是名伽陀。”（南本《涅槃经》卷十四㊅12，693 页）

【经文】

复次须菩提，随说是经，乃至四句偈等。当知此处，一切世间天人阿修罗[①]，皆应供养，如佛塔庙[②]。

【注释】

①阿修罗：梵语 asura 的音译，与波斯古语 ahura 为同一语源。本为善神（《金十七论》㊅54，1245 页及 Garḍ.2），以后，在印度逐渐变为非天，亦即恶神。常与因陀罗交战，并与诸神争斗。《吠陀》及大史诗中记载这种神话甚多。在佛教中，为“六道”[即地狱道(梵 naraka-gati)、饿鬼道(梵 preta-gati)、畜生道(tiryagyoni-gati)、阿修罗道（asura-gati）、人道（manuṣya-gati）、天道（deva-gati）]和“八部众”[（即天（Ḍeva，神）、龙王（Nāga）、夜叉（Yakṣa）、乾闼婆（Gandharva，天上的乐师）、阿修罗、迦楼罗（Garuḍa，食龙的金翅鸟）、紧那罗（Kiṁnara）、摩睺罗迦（Mahoraga，蛇神）]之一，住于须弥山下的大海底。在胎藏界曼荼罗中，列于外金刚部院。

②塔庙：塔，梵语 stūpa 之音译；庙，为义译。塔庙，指塔。原为安置佛及圣者的遗骨，由土、石、砖、木建起的一种独特的建筑物。初为覆钵形，后演变为高层建筑物。见《长阿含经》卷四㊅1，30 页及 PMS.VI，26；MPS.S.448.《法华经》卷一㊅9，3 页，Saddhp.p.13；49.

【经文】

何况有人尽能受持[①]读诵。须菩提，当知是人，成就最上第一希有之法。若是经典所在之处，即为有佛。若尊重弟子[②]。

【注释】

①受持：受教而熟记。受，牢记。梵语为 daārayati，见《观音经》及 Saddhp.p.364. 梵语又作 udgrahaṇa，见 Mvyut.908，MSA，MAV。梵语又作 dhāraṇa，见 MSA。巴利语为 samatta'samādinna(受戒者)，见《杂阿含经》卷四十㊅2，209 页及 SN.1.p.227.

受持读诵，背诵经文。

②弟子：除一般解释为门人、学生外，在佛教中尚有下列几种含义：

1. 敬聆佛陀教诲的人，即世尊的弟子。巴利语为 savaka，见《杂阿含经》卷二㊅2，11 页及 SN. Ⅲ，p.17. 梵语为 parivāra（弟子们），见《有部律破僧事》卷七㊅24，133 页及 GPS.s.308. 梵语 śiṣya，antevāsika，同。"圣弟子"，巴利语为 ariya-sāvaka，见《杂阿含经》卷八㊅2，52 页及 SN. Ⅳ，P.4. "众弟子"，巴利语为 bhikkhusaṃgha，梵语为 bhikṣu-saṃgha，见《长阿含经》卷二㊅1，15 页及 MPS. Ⅱ，25；MPS.S.196. "多闻弟子"，梵语为 āryaśrāvaka，见《有部律》卷六㊅23，128 页及 CPS.S.168.

2. 门人自称。

3. 指在家的信徒，如四部弟子、四辈弟子，见《灌顶经》卷十二㊅21，533 页、536 页。

4. 指佛教以外各种宗教的信徒。梵语为 māṇavaka，见《有部律出家事》㊅23，1027 页及 CPS.S，386. 巴利语为 sāvaka（尼乾子的弟子)，见《杂阿含经》三十三卷㊅2，231 页及 SN.IV，p.319. 梵语为 śiṣya，见《金七十论》㊅54，1262 页及 Gauḍad SK.71.

5. 与声闻（梦，śrāvaka）同。见《长阿含经》卷二㊅1，15 页及 MPS.S.200；《阿弥陀经》㊅12，346 页及 SSukh.1. 净影云："声闻学在佛后，故名为弟；从佛化生，故复称子。"(《维摩义记》㊅38，444 页)

【经文】

尔时须菩提白佛言：世尊，当何名此经？我等云何奉持[①]？佛告须菩提：是经名为金刚般若波罗蜜[②]，以是名字，汝当奉持。

【注释】

①奉持：有下列几种含义：

1. 实践，见《有部律破僧事》卷六㊅24，129 页及 CPS.S.204.

2. 记忆，受持。梵语为 Ndhṛ，dhārin，见《华严经》㊅9，742 页及 Gaṇḍ avy ūha p.332，v，6.

3. 以尊敬之心受持戒律，见《孝子经》㊅16，780 页。

②金刚般若波罗蜜：见前（黄心川“序”）。

【经文】

所以者何？须菩提。佛说般若波罗蜜，即非般若波罗蜜，是名般若波罗蜜。

须菩提，于意云何？如来有所说法不？须菩提白佛言：

世尊，如来无所说。

须菩提，于意云何？三千大千世界所有微尘[①]，是为多不？须菩提言：甚多，世尊。须菩提，诸微尘，如来说非微尘，是名微尘；如来说世界[②]非世界，是名世界。

【注释】

①微尘：肉眼所能看见的最小物质，亦即原子。梵语为 rajas，paramāṇu，本经自鸠摩罗什开始，就把 rajas 译为微尘，以后汉译中多沿用此名。本经藏译作 rdul phra rab，与极微（paramāṇu）同。见《有部律》㊅ 23，739 页。又梵语作 paramāṇu-rajas，巴、梵作 paramāṇu-raja，见《法华经》㊅9，42 页及 SaddhP.p.269.《华严经》卷三㊅9，410 页；《中论释》㊅30，1 页。

②世界：有下列几种含义：

1. 日、月所照的范围，即以须弥山为中心的四洲；有时，又包括地狱和天上或指宇宙。梵语为 loka-dhātu，见《乐师本愿经》㊅14，405 页及 Bhaiṣaj.p.2 ；MSA ；MAV.

2. 以后，据中国佛教解释，世为迁流之意，界为方位之意。世，指过去、现在、未来的时间；界，指十方（东西南北、四维、上下）的空间。

3. 与世间同。

4. 一佛所住的国土，见《阿弥陀经》㊅ 12，346 页及 SSukh.2.

【经文】

须菩提，于意云何？可以三十二相[①]见如来不？不也，世尊。不可以三十二相得见如来。何以故？如来说：三十二相，即是非相，是名三十二相。

【注释】

①三十二相：又称三十二大人相，即伟人所具备的三十二种瑞相，亦即佛的身体所具有的三十二种美好的特征或转轮王（神话传说中的圣王）身体所具有的三十二种特征。关于三十二相，佛经中说法不一，直到开始有佛像雕刻时，佛教学者对此才认真研究。实际上，他们不过是把古印度神话传说中的转轮圣王（即理想的君主）所具有的身体上美好的特征放在佛陀身上罢了。三十二相中的许多特征，在耆那教的大雄身上已经见到过，佛教综合当时流传的各种宗教，特别是婆罗门教和耆那教对其圣者的身体描述，逐渐形成了所谓三十二相的说法。三十二相为：

1. 顶成肉髻相（梵 uṣnīṣa-śiraskatā），即头顶上有肉髻。又称乌瑟腻沙相。

2. 身毛右旋相（梵 pradakṣiṇāvarta-keśa），即身上每根毛发皆向右旋转。

3. 前额平正相（梵 sama-latāṭa）。

4. 眉间白毫相（梵 ūrṇā-keśa）。

5. 眼色如绀青相或眼睫如牛王相（梵 abhinīla-netra-gopakṣmā），即《大毗婆沙论》卷二十八的目绀青相和牛王睫相的结合。

6. 具四十齿相（catvariṃśad-danta），普通人只有三十二颗牙齿，而佛却有四十颗洁白发光的牙齿。

7. 牙齿排列平整。

8. 牙齿缜密，毫无空隙（梵 avirala-danta）。

9. 牙齿鲜白有光明相（梵 suśukla-danta）。

10. 得最上味相，又称咽中津液得上味相（梵 rasarasāgrātā）。

11. 狮子颊车相（梵 siṃha-hanu），又称颊车如狮子相，亦即颚骨如狮子相。

12. 广长舌相（梵 prabhūta-tanu-jihva），又称舌复面至发际相，亦即舌头薄而柔软，覆盖颜面，舌尖能够舐到耳毛。

13. 梵音声相（梵 brahma-svara），又称梵音深远相，亦即具有梵音（美妙而朗朗的声音）。

14. 肩圆满相（梵 susaṃvṛta-skandha），又称肩膊圆满相，亦即肩头浑圆而丰满，表示佛陀具有超人的力量。

15. 七处充满相（梵 sapta-utsada），又称七处平满相，亦即七处（两手、两足、两肩、头顶）隆起而柔软。

16. 两腋满相（梵 citāntarāṃsa），即两腋下的肌肉丰满而无凹处。

17. 身金色相（梵 sūkṣma-suvarṇa-cchavi），即皮肤细滑有如黄金。

18. 手过膝相（梵 sthita-anavanata-pralamba-bāhuta），即直立时手长过膝。

19. 身如狮子相（梵 siṃha-pūrvārdha-kāya），又称狮子上身相，即上半身如狮子，威风凛凛，无所畏惧。

20. 身分圆满相（梵 nyagrodha-parimaṇḍala），又称身广洪直相，即身长与两臂张开的长度相等。

21. 孔生一毛开皆右旋相（梵 ekaika-roma-pradakṣiṇāvarta），即每个毛孔皆长一毛，且皆右旋。

22. 身毛上靡相(梵 ūrdhvaga-roma),即身毛右旋,并向上偃伏。

23. 马阴藏相(梵 kośa-upagata-vasti-guhya),又称势峰密藏相、马王阴藏相,即男根密藏体内如马阴。

24. 腿圆相(梵 suvartita-ūru)。

25. 足趺高厚相(梵 utsaṅga-pāda),又称足趺高相,即脚背高起圆满。

26. 手足柔软相(梵 mṛdu-taruṇa-hasta-pāda-tala),又称手足细软相。

27. 手足纲缦相(梵 jālavanaddha-hasta-pāda),即手足指与指间有缦网纤维交互连络如鹅鸭之蹼。

28. 手指纤长相(梵 dirgh-aṅguli),即手指细长。

29. 足千福轮相(梵 cakraṅkita-hasta-pāda),即足下有轮形。

30. 足安平相(supratiṣṭhita-pāda),即脚底无凹凸处,行走时无论道路如何高低不平,脚底都能平稳着地。

31. 足跟满足相(梵 āyata-pāda-pārṣṇi),又称足跟圆长相,即足踵宽广圆满而无凹处。

32. 腨如鹿王相(梵 aiṇeya-jaṇgha),即股肉纤细圆满如鹿王。

以上详见《长河含经》卷二㊅1,12 页;《胜天王般若经》卷七㊅8,723 页;《大毗婆沙论》卷一七七㊅27,888—889 页;《大智度论》卷八八;《十住毗婆沙论》卷九;《有部律杂事》卷二㊅24,212 页及 Divyāv. 19;Maryut. XVⅡ;《那先经》A.B ㊅32,700 及 716 页;《法华经》五百弟子受记品及 Saddhp.p.178;《正法华》卷一㊅9,71 页及 SaddhP.p.48;《观天量寿经》㊅12,343 页;《维摩经》㊅14,538 页;《灌顶经》卷十二㊅21,532 页等。

【经文】

须菩提，若有善男子、善女人，以恒河沙等身命①布施②。

【注释】

①身命：身体与生命。梵语为 kāya-jivita。

②布施：巴利语、梵语皆为 dāna，故音译为檀那。其基本含义为施人以财物。佛教中有各种布施，现略述于下：

1. 二种布施：财施（梵 āmiṣa-dāna），施财以济贫；法施（梵 dharma-dāna），说法以度他。此外，还有一种说法，即净施，以清净心而布施，不求名利；不净施，以妄心而布施，但求福报。见《大智度论》卷三十三。

2. 三种布施：财施、法施和无畏施（梵 dbhaya-dāna）。无畏施即以无畏施人，救人之危难。见《大智度论》卷十四；《瑜伽论》卷三十九㊀30，510 页及 Bodhis.p.133；《成唯识论》卷九㊀31，51 页。

3. 四种布施：笔施，施笔书经；墨施，施墨写经；经施，刊经施人；说法施，说法于人。见《菩萨善戒经》卷一。

4. 五种布施：施远来者、施远去者、施病瘦者、施饥饿者、施智法人。见《贤愚经》。

5. 七种布施：施客人、施行人、施病人、施侍病、施园林、施常食、随时施。见《俱舍论》卷十八。

6. 八种布施：施至施、怖畏施、报恩施、求报施、习先施、希天施、要名施、为得上义（涅槃）施。见《俱舍论》卷十八。

【经文】

若复有人于此经中，乃至受持四句偈等，为他人说，其福甚多。

尔时，须菩提闻说是经，深解义趣，涕泪悲泣，而白佛言：希有世尊，佛说如是甚深经典，我从昔来，所得慧眼[①]，未曾得闻如是之经。

【注释】

①慧眼：梵语为 prajñā，即智慧之眼，亦即洞察事物本质、认识真理之眼。又为大乘佛教的五眼之一。五眼即肉眼，为肉身之眼；天眼，为色界天人之眼，能知众生未来生死；慧眼，二乘人之眼，能够认识“真空无相”之眼；法眼，即菩萨为救众生而能照见一切法门之眼；佛眼，即具备前四种眼的佛眼。

【经文】

世尊，若复有人得闻是经，信心清净，即生实相[①]。当知是人，成就第一希有功德[②]。世尊，是实相者，即是非相，是故如来说名实相。

【注释】

①实相：有以下几种含义：

1. 万物真实的形象，真实的本性，真理。亦即平等的实在，常住不变的理法。相为特质之意。见《维摩经》㊅14，541、544 页。梵语为 tattvasya lakṣaṇam。

2. 真实的观念，梵语为 bhūta-saṃjña。按，此词本义为本体、实体、真相、本性，进而又有真实之理法、永恒真理、真如、法性等含义。梵语 dharmatā（法性），bhūta-tathatā（真如、一如、法性、佛性）等原为佛陀成正觉的内容，含有本初真实的意思，以后逐渐含义增多，诸如一如、实性、涅槃、无为等都成为实相的异名。在鸠摩罗什的翻译中又增添了空的含义。这当然是自龙树（Nāgārjuna）以来的一种新的发展。诸法实相（梵 sarva-dharmāṇāṃdharmata）论是大乘佛教的标志，与小乘佛教的三法印相对，大乘佛教把诸法实相称作第四法印。关于诸法实相的内容，大乘各宗的解释也不尽相同，但都认为诸法实相究竟是最后的真实。他们认为这种实相是不能用语言和概念推理来表示的，虽然如此，但随着历史的发展，最后在天台宗那里，就形成了“一念三千”和“圆融三谛”的双重实相说，主张一切法平等，称为止观所正观的不思议境。这种不思议境并不神秘，不过只是表示这是绝对的境界了。

②功德：功指善行，德指善心。见《华严经》㊅9，395；《起信论》㊅32，576. 梵语为 guṇa。参见《宝性论》㊅31，820，MAV、MSA.《观音经》；Saddhp.p.372.《阿弥陀经》㊅12，347、348；SSukh. 4—7，11—16，18.《大日经·住心品》㊅18，2.“能生无量功德”（梵 aneke-guṇa-vāhaka），《佛所行赞》卷一㊅4，3；Buddhac.1，77. 此外，功德一词还有下列几种含义：

1. 福、福德、善事。巴利语为 puñña，见《杂阿含经》卷三十六㊅2，262；SN.I，p.2. 梵语为 puṇya，见《正法华》卷一㊅9，64；Saddhp.p.7.

2. 幸运的原因、福祉之本——善根。见《无量寿经》㊅12，266. 又梵语为 saṃbhāra，见 Laṅk.

3. 伟力。"如未功德之力"，梵语为 buddha-mahātmya，见《维摩经》㊅14，547；Śikṣ.p.136.

4. 资粮。梵语为 upastambha。见《宝性论》㊅31，845.

5. 利益、利德。见《长阿含经》卷二㊅1，12，巴利语为 ānisaṃsa，见 DN. Ⅱ，p.86.

【经文】

世尊，我今得闻如是经典，信解①受持②，不足为难。

【注释】

①信解：又作胜解，确信而理解。见《俱舍论》卷二十三；《维摩经》㊅14，555；《观无量寿经》㊅23，345. 梵语为 adhimukti，见《法华经》《序品》《信解品》㊅9，2、16. MSA、MAV. 梵语又为 adhimuktak，见 Bodhis.p.14. adhimucyate，见 Bodhis.p.108. śraddhā-adhimuki，见 AK. Ⅳ，32. pratyaya，sa ṃ pratyaya，见 MAV. adhimucyanā，见 MSA. "深生信解"（梵 abhisaṃpratyaya），见 Bodhis.p.81；"信解数数"（梵 adhimucya-adhimucya），见 Bodhis.p.131.

②受持：接受教导并牢记不忘。梵语为 dhārayati，见《观音经》及 Saddhp.p.364. 梵语又为 udgrahaṇa，见 Mvyut.908；MSA. MAV. dhāraṇa，见 MSA. 巴利语为 samatta，samādinna（受戒者），见《杂阿含经》卷四十㊅2，290; SN.1，p.227. 梵语又为 uddeśa（示教），

见 Bodhis.p.68、297、410；《维摩经》㊅14，537；《灌顶经》卷十二㊅21，533.“受持法”（巴 dhamma-dhāraṇa），见《杂阿含经》卷三十三㊅2，237. SN，IV，p.223.“令受持”（梵 uddeśa-dāna），见 Bodhis.p.264.“难受难持”（梵 dhandhamuddiśet），见 Bodhis.p.176. 此外，尚有下列两种含义：

1. 接受依据正式作法而裁制的衣服称作受持（巴 adhiṭṭhita）。见《十诵律》卷二十三。

2. 十法行（梵 daśadha-dharma-caritam）之一，见《辩中边论·辩无上乘品》㊅31，474. 十法行为：一、书写；二、供养；三、施他；四、谛听；五、披读；六、受持；七、开演；八、讽诵；九、思惟；十、修习。

【经文】

若当来世①，后五百岁，其有众生得闻是经，信解受持，是人即为第一希有。何以故？此人无我相，无人相，无众生相，无寿者相。所以者何？我相即是非相，人相、众生相、寿者相即是非相。何以故？离一切诸相，即名诸佛。

【注释】

①来世：未来之世，即死后未来之世。见《六度集经》卷七㊅3，43. 梵语为 anāgatādhvan，见本经梵本。又为 anāgate'dhvani…见《药师本愿经》㊅14，405；Bhaiṣaj.p.3；《法华经》卷一㊅9，8；《灌顶经》卷十二㊅21，532；《俱舍论》卷三十。巴利语为 saṃparaya，见 Sn.141.

【经文】

佛告须菩提：如是[1]，如是。

若复有人得闻是经，不惊、不怖、不畏，当知是人，甚为希有。

【注释】

①如是：如此。梵语为 evam，见《中论》，MAV；《法华经·寿量品》。又为 tathāvidha，见《中论》。又为 evaṃrūpā，见 Mvyut. 5396. 又指十如是，梵语为 tathaiva（nityaṃ-），见 MAV. tathatā，见 MSA. 十如是为：一、如是相；二、如是性；三、如是体；四、如是力；五、如是作；六、如是因；七、如是缘；八、如是果；九、如是报；十、如是本末究竟。见《法华经·方便品》㊅9，5.

如是如是，巴利语为 tathatta，见《中阿含经》卷十八㊅1, 546, MN.1.p.467.

【经文】

何以故？须菩提，如来说第一波罗蜜[1]，即非第一波罗蜜，是名第一波罗蜜。

【注释】

①第一波罗蜜：梵语为 parama-pāramitā，即十波罗蜜中的第一种波罗蜜，亦即布施波罗蜜（梵 dāna-pāramitā）。见《辩中边论》㊅31，474.

【经文】

须菩提，忍辱波罗蜜①，如来说非忍辱波罗蜜，是名忍辱波罗蜜。

【注释】

①忍辱波罗蜜：梵语为 Kṣānti-pāramitā，即十波罗蜜中的第三种波罗蜜。见 Akbh.p.267.

【经文】

何以故？须菩提，如我昔为歌利王①割截身体，我于尔时无我相，无人相，无众生相，无寿者相。何以故？我于往昔节节支解时，若有我相、人相、众生相、寿者相，应生嗔恨。须菩提，又念过去，于五百世作忍辱仙人②，于尔所世，无我相，无人相，无众生相，无寿者相。

【注释】

①歌利王：梵语为 Kali，又音译为哥利、迦利、迦梨、迦黎、羯利、迦蓝浮、迦罗富，意译为斗诤、恶生。梵语又为 Kaliṅga-rājā，见 Mvyut.3589.《涅槃经》卷三十一云："往昔佛生于南天竺富善城婆罗门家。时王迦罗富性暴恶骄慢。尔时佛为化度众生于城外修禅定，王率其一族官人游观到树下。采女舍王来佛处，佛为说法。王见之生恶心，问佛曰：'汝得罗汉果耶？'佛言：'不得。''更得不还果耶？'佛答曰：'否。'王曰：'然则汝以尚具贪

欲烦恼之身恣见女人耶？’佛曰：‘我虽未断贪结，内心实无贪着。’王即试之，截佛耳而颜容不变。群臣谏王，欲使中止。王不听，更劓鼻削手，而相好圆满，无少变化。时天大雨沙石，王心大怖畏，诸佛处忏愧哀愍。佛曰：‘我心如无瞋亦无贪。’王言：‘大德，云何知心无瞋恨？’佛言：‘我若无瞋恨，即将令此身如元。’如是发愿已，身即复本。王益忏愧，遂入佛门。”

②忍辱仙人：梵语为Kṣāntivādinṛṣi。往昔佛于因位（修行佛因之位，即自发心至成佛之间的阶段）为忍辱仙人，修忍辱之行，曾为歌利王支解其身。《大唐西域记》卷三云：“瞢揭厘城东四五里有大窣堵波，极多灵瑞，是佛在昔作忍辱仙，于此为羯利王（唐言斗诤，旧云哥利，讹也）割截支体。”

上述佛本生故事尚见巴利《本生经》（Jātaka），Ⅲ，No. 313；梵本《本生鬘》（Jātaka-māla），No. 28；梵本《譬喻如意蔓》（Avadāna-kalpaltā）38；梵本《大事》（Mahāvastu）Ⅲ，p.357；KSS（Kāśi Sanskrit Series，Benares，Chowkhamba Sanskrit Series Office）1，p.248 与 11，p.630 等以及汉译《六度集经》卷五；《贤愚经》卷二；《中本起经》卷上；《僧伽罗刹所集经》卷上；《出曜经》卷二十三。

【经文】

是故须菩提，菩萨应离一切相，发阿耨多罗三藐三菩提心。不应住色生心，不应住声、香、味、触、法生心，应生无所住心。若心有住，即为非住。

是故佛说菩萨心，不应住色布施。

须菩提，菩萨为利益一切众生故，应如是布施。

如来说一切诸相，即是非相。又说一切众生，即非众生。

须菩提，如来是真语者[①]，实语者[②]，如语者[③]，不诳语者[④]，不异语者[⑤]。

【注释】

①真语者：梵语为 bhūta-vādin，说真实话者，说宇宙之真实规律者，亦指佛陀。

②实语者：梵语为 satya-vādin，说真理者。

③如语者：梵语为 tathā-vādin，如实说者。

④不诳语者：梵语为 ananyathā-vādin，不说假话者。

⑤不异语者：梵语为 na vitatha-vādin，不说虚伪话者。

【经文】

须菩提，如来所得法，此法无实[①]无虚[②]。

【注释】

①无实：梵语为 abhūta，即不存在，无实体。又梵语为 asatya，即非真实，空虚。见 laȧk. 又梵语为 aniṣpanna，即未完成，见 Laṇk.

②无虚：梵语为 amṛṣā，即非空虚，真实。

【经文】

须菩提，若菩萨心，住于法而行布施，如人入暗，即无所见;若菩萨心，不住法而行布施，如人有目，日光明照，见种种色。

须菩提，当来之世，若有善男子、善女人，能于此经受持读诵，即为如来以佛智慧，悉知是人，悉见是人，皆得成就无量无边功德①。

【注释】

①无量无边功德：梵语为 aprameya-asaṃkhyeya-puṇya-skandha，即数不尽的福德。

【经文】

须菩提，若有善男子、善女人，初日分①以恒河沙②等身布施，中日分③复以恒河沙等身布施，后日分④亦以恒河沙等身布施。如是无量百千万亿劫⑤，以身布施。若复有人闻此经典，信心不逆⑥，其福胜彼。何况书写受持读诵，为人解说。

【注释】

①初日分：梵语为 pūrvāhṇa，见 Mvyut. 8247，即早晨。

②恒河沙：梵语为 Gaṅgā-nadī-vālukā 或 Gangā-nadī-vālikā，形容其多如恒河之沙，无法尽数。见《观音经》及 Saddhp.p.364；《维摩经》㊅14, 546. 梵语 vālikā 一词在一般梵语文献中，含义为波浪。此词作“沙”使用，仅见于佛典。恒河沙又作恒沙，见《宝性论》卷四㊅31, 840 及 PGV.p.76. 梵语又作 vālikā Gaṅgaya，见《无量寿经》

㊅12，267；《十诵律》㊅23，282.

③中日分：梵语为 Madhyāhṇa，见 Mvyut. 8248，即中午。

④后日分：梵语为 Aparāhṇa，见 Mvyut. 8249，即晚间。

⑤劫：巴利语为 kappa，梵语为 kalpa。音译为劫波、劫簸，意译为分别时节或大时。在印度计时单位中最长的时间为劫，即永远的时间或无限的时间。通常，在印度是把世界从形成、发展直到灭亡的整个过程称作一劫，以形容其久远。《大智度论》卷五云："佛以譬喻说劫义，四十里石山，有长寿人，每百岁一来，以细软衣拂拭此大石尽而劫未尽。又四十里大城满芥子，有长寿人，百岁一来取一芥子，芥子尽而劫尚不尽。"同书卷三十八、《长阿含经》卷二、《大毗婆沙论》卷一百三十五譬喻略同。又见《那先经》㊅32，702、718；《有部律杂事》卷三㊅24，215 及 Divyāv. 19；《观音经》及 Saddhp. p. 365—367；《阿弥陀经》㊅12，347 及 SSukh.8；《法华经》卷一㊅9，8；《维摩经》㊅14，547、554；《华严经》卷一㊅9，397；《无量寿经》㊅12，266；《灌顶经》卷十二㊅21，534；《俱舍论》卷十一、十二及 AK Ⅲ，92；Ⅳ，99；《宝性论》㊅31，826；《中论释》㊅30，2.

此外，劫还有一种含义，即指盗贼。梵语为 stena，见《金七十论》21 注㊅54，1250 及 Gaud.ad SK. 21.

⑥不逆：即不逆违。

【经文】

须菩提，以要言之，是经有不可思议①、不可称量、无边功德。

【注释】

①不可思议：梵语为acintya，即不可用言语表达、不可以思想想象。一般用来形容佛陀的悟境及其智慧与神通。见《灌顶经》卷十二㊅21，535；《阿弥陀经》㊅12，347—348及SSukh. 11, 12, 13, 14, 15, 16, 18. Bodhis.p.298.或略作不思议，见《宝性论》卷四㊅31, 840及RGV.p.76；《胜鬘经》㊅12, 221及RGV.p.12；《唯识三十颂》㊅31，61；《成唯识论》㊅31，57.梵语又作atarkika，见《法华经》卷一㊅9，6及Saddhp.p.31.

此外，不可思议还指不可思议的境界，梵语为acintya-dhātu，见Mvyut.1715.

【经文】

如来为发大乘①者说，为发最上乘②者说。

【注释】

①大乘：梵语为Mahāyāna。乘，梵语为yāna，义为“运载”“乘载”或通往解脱的“道路”。所以，凡是能够使人获得解脱方便的佛教皆称为“乘”。“乘”在实质上包含着四方面的内容，即能诠之“教”，所诠之“理”，所修之“行”，所得之“果”。大乘，即在原始佛教、部派佛教之后，于一世纪左右形成的佛教派别。此派形成后，自称能乘载无量众生，由生死轮回之此岸，到达菩提涅槃的彼岸，从而成佛。故自称为大乘。同时，把原始佛教、部派佛教贬为小乘。大乘与小乘之间的区别，从上述教、理、行、果四方面来看，都有深浅的不同。特别是大乘佛教，为了适应向群

众传教的需要，还吸收了印度教的许多因素，把佛陀更神圣化了。现就教、理、行、果四方面把大、小乘之间的区别列表如下：

<table>
<tr><td rowspan="5">教理
行果</td><td>小　乘</td><td>大　乘</td></tr>
<tr><td>以佛陀为教主，以佛陀所说经、律为主要经典</td><td>把佛陀进一步神化，提倡三世十方无量佛，并依小乘三藏新编大乘三藏</td></tr>
<tr><td>四谛（苦、集、灭、道）之理和人空法有之理</td><td>真如之理和人法二空之理</td></tr>
<tr><td>三十七道品之行</td><td>六波罗蜜和四摄（布施、爱语、利行、同事）之行</td></tr>
<tr><td>追求个人的自我解脱，以阿罗汉为最高目标</td><td>主张利他，宣传大慈大悲，普度众生并以成佛为主要目的</td></tr>
</table>

关于大乘三藏，梵本多已佚失，幸赖汉译及藏译本得以保留大部。现简略介绍如下：

1. 汉译大乘三藏

<table>
<tr><td></td><td></td><td></td></tr>
<tr><td>经</td><td>华严部
方等部
般若部
法华部
涅槃部</td><td>二十八部 233 卷
三百六十三部 1133 卷
二十九部 747 卷
十四部 57 卷
十六部 121 卷</td></tr>
<tr><td>律</td><td></td><td>三十部 49 卷</td></tr>
<tr><td>论</td><td></td><td>一百二十八部 659 卷</td></tr>
</table>

2. 藏译三藏（包括小乘及密教）

Ⅰ	甘珠尔（bkaẖ-ẖgyur，佛语部）	—① ẖdul-ba（律）——13 册 —② Ses-rab-kyi pha-rol-tu——21 册 phyin-pa（般若） —③ Saṅs-rgyas-phal-po-che（华严）——6 册 —④ dkon-mchogbrtsegs-pa（宝积）——6 册 —⑤ modo-sde（经集）——30 册 270 经 —⑥ mya-ṅan-las hadas-pa——2 册 chen-pok ẖi mdo（涅槃） —⑦ rgyud（密乘）——22 册
Ⅱ	丹珠尔（bstan-bgyur，解释部）	—① rgyud（密乘）——87 册 2640 书 —② mdo（经）——136 册 —此外尚有赞歌 1 册及索引 1 册

关于大乘佛教的起源，至今仍是佛学界尚未解决的问题。但有一点是明确的，即在一世纪初它就已经相当流行了。

毫无疑问，大乘佛教是由部派佛教发展而来的，各派学说对大乘佛教的形成都有一定的影响，其中尤以大众部的影响为最深。此外，法藏部重视本生，并把本生单独编成了一部《菩萨藏》，就对大乘思想有一定的影响。

对于早期大乘佛教信徒的组织生活情况，直至目前我们还不清楚。我们只知道当时把大乘僧团称作“菩萨众”（bodhisattva-gaṇa），把小乘僧团称作“比丘众”（bhikṣu-saṅgha）。最初，在大乘信徒中在家者很多，其中有许多妇女。这种情况是与小乘佛教完全异趣的。

大乘菩萨众分为在家菩萨和出家菩萨两种，出家菩萨的住处多附属于佛塔。这点可由坦叉始罗（巴 Takkasila，梵 Takṣaśilā）

的大塔遗址得到证明，并可由吴支廉译的《菩萨本业经》（异译《华严经·净行品》）中所述，出家菩萨须作勤行，祭祀塔龛，礼拜佛像，绕塔赞颂佛德等一系列的规定得到旁证。这与小乘比丘众所居伽蓝（Saṅghārāma）、精舍（Vihāra）皆与佛塔无关的情况不同。以后小乘伽蓝虽与佛塔毗邻，但与佛塔在建筑配置上仍和佛塔有明确的界限，而以不相混杂为原则。佛塔为在家信徒自由出入的地方，而伽蓝则为出家僧侣集团居住的地方，对一般人是封闭的。这是小乘佛教各派共同恪遵的传统，就连提倡供养佛塔的法藏部和主张佛身具有超人性的大众部也不例外。

既然佛塔信仰与大乘佛教的产生有密切的关系，就应对佛塔信仰的起源进行必要的探讨。

据汉译《长阿含·游行经》及《大般涅槃经》所载，佛陀逝世后，八族共分遗骨，供养舍利，开始建塔。至阿育王时期，佛塔崇拜和圣地巡礼之风益盛。有名的桑奇大塔塔基就是属于此时期的建筑，坦叉始罗的达摩罗契伽大塔（Dharmarājikā）传说也是在此时期建立的。

巴尔胡特（Bhārhut）的佛塔早已荒废，幸喜石垣的一部分及东侧塔门尚存。玉垣高 2.8 米，上面刻有关于佛传和本生故事的浮雕，并有不少铭文。这些浮雕和铭文不仅对研究佛教艺术史具有重大价值，而且为研究佛传文学和本生文学也提供了重要的历史资料。一般认为，这些建筑的时期约在纪元前一百五十年左右。

从佛塔铭文中布施人的名单（约为原来布施人的半数，即 119 人）来看，可以认为这些人是一个信仰者的集团，大塔就是他们集资修建的。这个集团成员的情况可列表如下：

		出家	在家	小计
当地布施人	男	17	31	48
	女	5	11	16
外来布施人	男	6	16	22
	女	8	19	27
合计		36	77	113

出家与在家信徒的区别在于：出家者称作尊者、大德或比丘尼，在家者则直书其名。

在当地 17 名男性出家人中，4 名称为 bhāṇaka，其中一人并具有 navakamika（梵 navakarmika）的称号。bhāṇaka 和 navakamika 是修建佛塔或佛寺时，从僧侣中选出，负责指导工事和监督人的称号。

Bhāṇaka 的含义是“诵读者”，也就是向在家信徒朗诵赞佛颂歌的僧侣。以后在大乘佛教法师（dharma-bhāṇaka）一词中还保留着这一名词。

巴尔胡特佛塔崇拜者集团中，外地人很多，约占 43%。其中包括来自华氏城和德干址区的纳西克（Nāsik）等地的信徒。华氏城和这里的直线距离为 500 公里，纳西克和这里的直线距离为 850 公里。这种情况告诉我们：早在纪元前二世纪中叶，就有许多不同于小乘佛教的佛塔信仰者从遥远的地方聚集在一起营建佛塔了。他们之间必然有一种经常的联系，否则就很难想象他们能在这般广袤的土地上于同一时期聚在一起。此外，在这些外地的布施者当中，还可见到“塔奴”（stūpadāsa）一词，这里非指布施给佛塔的奴隶，而是这些信仰者虔诚的自称。从铭文的名单中还可看出工商业者仍居多数。

修建佛塔自然是有目的的，从巴尔胡特等地佛塔铭文中也可以了解到这方面的一些信息。在巴尔胡特铭文中我们只见到“为了父母”的一例，显然这还不足以说明问题。可是，建于纪元前一世纪中叶的秣菟罗（Mathurā）玉垣铭刻和属于同期的坦叉始罗铜板铭文却为我们提供了较多的资料。秣菟罗铭文中有“为了供养一切诸佛”的字句，在坦叉始罗铜板铭文中又出现了“为了一切兄弟、亲族而供养”“为了父、子、妻的寿命和力量的增长而供养”释尊舍利的词句。可见这些在家的信徒筑建佛塔的目的是祈求全家的平安和幸福。

在巴尔胡特铭文中，尚未出现“菩萨”一词，而菩萨思想的出现又与大乘佛教的形成有着直接的关系，因之虽然早在纪元前二世纪中叶时就已有崇拜佛塔的信仰者，但仍不能说这一时期大乘佛教已经产生。

据我们所知，“菩萨”一词最早出现于属于公元79年的坦叉始罗薄银板铭文中。参证早期大乘佛典，我们相信，约在纪元前一世纪随着菩萨思想的逐步形成和大乘经典的编纂，大乘佛教才真正形成。

本来，菩萨一词就是佛教的独创。在婆罗门教和耆那教的文献中，就根本没有出现过这个词。菩萨一词自然是和菩萨思想同时产生的，菩萨思想产生之后未来佛的思想也就随着产生了。这些思想产生不久，大乘经典也就逐渐出现了。

一般认为《阿閦佛国经》（Ārya-akṣobhya-tathāgatasya-vyūha）、《大阿弥陀经》（Sukhāvat1-vyāha）是最早出现的大乘经，其中就

有弥勒（Maitreya）和观世音（Avalokiteśvara）两位现在大菩萨的名字。

弥勒菩萨的起源，一般认为与《吠陀》和琐罗亚斯特教的太阳神米特罗（Mitra）与米斯罗（Mitnnra）有关；同时，未来弥勒佛出现的世界被描绘为丰乐安定的理想社会，因之有人又主张弥勒的起源与古巴勒斯坦的救世主的思想有一定联系。虽然在纪元前一世纪时西方宗教思想早已传入西北印度，弥勒思想很可能受到西方宗教的某种影响，但要想取得有力的证据却是十分困难的。弥勒是未来佛，在未成佛前仍居于兜率天，因而被称为"一生补处"（eka-jāti-pratibaddha）的菩萨，即菩萨中地位最高的菩萨。弥勒信仰在贵霜帝国境内当时已十分盛行，但在南印却未引起人们的重视。

观音，为观世音的简称。音译为阿婆卢吉低舍婆罗或阿缚卢枳帝湿伐罗。旧译作圣观音、观世音或世自在。在《无量清净平等觉经》中把阿缚卢枳帝湿伐罗略写为廅鸽楼亘，并译为光世音。新译作观自在，是正确的。阿缚卢枳帝湿伐罗即阿缚卢枳多（Avalokita）和伊湿伐罗（Īśvara）合成的复合名词，阿缚卢枳多意为"所见之处"，伊湿伐罗意为"自在无碍"，又有"王""主宰者""最高神"等意，故西藏译本作"观王"（Spyan ras gzigs）。

观音，又名施无畏者（Abhayarṃdada，见《观音普门品经》）或大悲施无畏者（Mahā-Karuṇikābhayarṃdada），意为在充满恐怖和危难的悲惨世界中，具有巍然济世的襟怀和雄大气质的守护神。在《观音授记经》中，又把观音称作大悲圣者（Mahākarunikamuni）或救护苦难者（Duḥkharakṣaka）。在密教的《秘密三昧大教王经》中，更把观音尊称为“正法明如来”(Samyagdharmavidyātathāgata)。在密教仪轨中，又称观音为“大悲大慈主”(Mahākaruṇika-mahākaruṇyeśvara)。因观音手持莲花，故又称“莲花手”(padmaqāṇi)。又因观音观照十方，对一切有情以大自在力普现益之，故又有“普门”(Samantamukha) 的美称。由于观音被赋予了这许多特点，所以后世就把观音作为大慈大悲的救世本尊，并与象征智慧的文殊师利 (Mañjuśri) 菩萨和象征观行的普贤 (Samantabhadra) 菩萨一起，同为大乘佛教僧众修行的理想。

关于观音菩萨的起源，众说纷纭，迄今尚无定论。多数学者认为，从观音的梵名中就可看出婆罗门教的影响，把毗湿拿和湿婆结合起来，并加之以佛教的改造逐渐形成了观音的信仰。

虽然在《大阿弥陀》中，尚未出现“大乘”这一术语和《般若经》的“法空”思想以及“发菩提心”等大乘佛教的基本术语，但却强调追求佛果而行六波罗蜜的实践，承认现在他方诸佛，宣扬净土往生学说，主张菩萨阶位不退转，提出“一生补处”的观念，重视佛塔的供养等，这些都充分说明当时大乘佛教正处于开始组织学说的阶段。

大乘思想的确立应从《般若经》的出现开始。此经的主要内容是阐述“法空”(dharma-śunyatā) 思想，这是直接针对说一切有部的学说而提出的思想，也是部派学说发展的必然产物。

《般若经》是其他后出的大乘经典如《法华》《华严》等的基础，因之，它在大乘经典中的地位非常重要，研究大乘佛学也必先从它入手。

《般若经》(Prajnāramita-sūtra)是说般若波罗蜜诸经的总名，随着大乘佛教的发展，此经的发展也日趋庞大，究竟有多少种，至今仍无法确定。就现存的数量来说，在大乘经中约占三分之一。现将各种版本的情况略述如下：

1. 梵本般若，有以下几部：《十万颂般若》(Ś atasāhasrika-prajñāpāramitā，ed.by Pratāpa Candraghoṣa，Culcutta，1902ff. 未完，相当于玄奘译《大般若波罗蜜多经》初会)。

《二万五千颂般若》(Pañcaviṃsatisāhasrikā-prajñapāramitā，写本，ed. by Nalinaksha Dutt. London:Luzac，1934. 相当于《大般若波罗蜜多经》第二会)。

《八千颂般若》(Aṣṭasāhasrikā-prajñāpāramitā，ed. by R. Mitra，Culcutta，1888. 相当于《大般若波罗蜜多经》第四会。此书有Haribhadra 的注释 Aṣṭtasāhasrikāyāḥ-prajñāpāramitāya-Vyākyā)。

《金刚能断般若》(Vajracchedikā-prajñāpāramitā，ed. by Max Müller，Anecdota Oxoniensia，Āryan Serirs，vol.1.partl. 相当于《大般若波罗蜜多经》第九会能断金刚分，亦即《金刚经》)。

《般若心经》(Prajñāpāramita-hrdaya-sūtra，ed. by Max Müller and B. Nanjō，Āryan Series，vol.1.part 111.)。

2. 尼泊尔所传般若

尼泊尔所传般若有大本般若十二万五千颂和略本四种：十万颂、二万五千颂、一万颂和八千颂。此外，尚有选抄本若干种。

3. 藏传般若

藏传般若，在甘珠尔中有十万颂、二十五千颂、一万八千颂、一万颂、八千颂、七百颂与《金刚般若》《般若心经》等八种；在丹珠尔中有《胜天王问般若》一种。

现存般若，除上述各种版本外，还有汉译般若。汉译般若数量大、种类多、翻译的时代早、异译也多，这些都是其他各种版本难以与之比拟的。现将汉译般若种类及其佚存情况略述于下：

一、小品般若

1.《道行经》一卷，后汉灵帝熹平元年（172）竺佛朗译，已佚。

2.《般若道行品经》或名《摩诃般若波罗蜜经》十卷（或八卷），后汉灵帝光和二年（179）支娄迦谶译，现存。

3.《大明度无极经》或名《明度经》六卷（或四卷），吴支谦译，现存。

4.《吴品经》五卷，吴太元元年（251）康僧会译，已佚。

5.《小品经》七卷，晋泰始八年（272）竺法护译，已佚。

6.《摩诃般若波罗蜜道行经》二卷，晋惠帝时（290—306）卫士度译，已佚。

7.《大智度经》四卷，东晋时祇多密译，已佚。

8.《摩诃般若波罗蜜多钞经》五卷（或四卷），苻秦建元十八年（382）昙摩蜱共竺佛念译，现存。

9.《小品般若》十卷，姚秦弘始十年（408）鸠摩罗什译，现存。

10.《大般若经》第四会，十八卷，唐显庆五年至龙朔三年（660—663）玄奘译，现存。

11.《佛母出生三法藏般若波罗蜜多经》二十五卷，宋施护译，现存。

12.《佛母宝德藏般若波罗蜜经》三卷，宋咸平四年（1001）法贤译，现存。

二、大品般若

1.《放光般若》二十卷（或三十卷），晋元康元年（291）无叉罗译，现存。

2.《光赞般若》十卷（或十七卷），晋太康七年（286）竺法护译，现存。

3.《大品般若》二十七卷（或三十卷，或四十卷），姚秦弘始五年（403）鸠摩罗什译，现存。

4.《大般若波罗蜜多经》第二会七十八卷，玄奘译，现存。

三、仁王般若

1.《仁王般若经》二卷，晋秦始元年（265）或晋永嘉年间（307—313）竺法护译，已佚。

2.《仁王护国般若波罗蜜经》二卷，姚秦弘始三年（401）鸠摩罗什（?）译，已佚。

3.《仁王般若经》一卷，梁大同年间（535—547）或承圣三年（554）真谛译，已佚。

4.《仁王护国般若波罗蜜多经》二卷，唐永泰元年（765）不空译，现存。

四、金刚般若

1.《金刚般若波罗蜜经》简称《金刚经》或《金刚般若》一卷，姚秦弘始四年（402）鸠摩罗什译，现存。

2.《金刚般若波罗蜜经》一卷，元魏永平二年（509）菩提流支译，现存。

3.《金刚般若波罗蜜经》一卷，陈天嘉三年（562）真谛译，现存。

4.《金刚能断般若波罗蜜经》一卷，隋大业中（605—616）

达摩笈多译，现存。

5.《能断金刚般若波罗蜜经》一卷，唐贞观二十二年（648）玄奘译，现存。

6.《大般若波罗蜜多经》第九会，一卷，唐龙朔三年（663）玄奘译，现存。

7.《能断金刚般若波罗蜜经》一卷，唐长安三年（703）义净译，现存。

此经梵、藏本俱存，历代汉译并备。加以论释亦多，对研究此经帮助很大。论有：

1.《金刚般若波罗蜜多经论》三卷，天亲（即世亲）造，元魏永平二年（509）菩提流支译，现存。

2.《金刚仙论》十卷，天亲弟子金刚仙造，系释天亲前论，元魏菩提流支译，现存。

3.《金刚般若论》一卷，真谛译，已佚。

4.《金刚般若论》二卷，无著造，隋大业三年（607）达摩笈多译，现存。

5.《金刚般若波罗蜜经破取著不坏假名论》或称《功德施论》二卷，功德施造，唐永淳二年（683）地婆诃罗译，现存。

6.《能断金刚般若波罗蜜多经论颂》一卷，无著造，唐景云二年（711）义净译，现存。

7.《能断金刚般若波罗蜜多经论释》三卷，无著颂，世亲释，唐景云二年义净译，现存。

五、般若心经

1.《摩诃般若波罗蜜大明咒经》一卷，姚秦弘始四年（402）

鸠摩罗什译，现存。

2.《般若波罗蜜多心经》一卷，唐贞观二十三年（649）玄奘译，现存。

3.《般若波罗蜜多那提经》一卷，唐长寿二年（693）菩提流志译，已佚。

4.《摩诃般若随心经》一卷，武后时实叉难陀译，已佚。

5.《般若波罗蜜多心经》一卷，唐般若利言译，现存。

6.《普遍智藏般若波罗蜜多心经》一卷，唐开元二十六年（738）法月译，现存。

7.《般若波罗蜜多心经》一卷，唐智慧轮译，现存。

8.《圣佛母般若波罗蜜多经》一卷，宋施护译，现存。

六、濡首般若

1.《濡首菩萨无上清净分卫经》二卷，后汉灵帝中平五年（188）严佛调译，已佚。

2.《濡首菩萨无上清净分卫经》二卷，刘宋代（420—470）翔公译，现存。

3.《大般若波罗蜜多经》第八会那伽室利分，三卷，玄奘译，现存。

七、文殊般若

1.《文殊师利所说摩诃般若波罗蜜经》二卷，梁天监中（502—519）曼陀罗仙译，现存。

2.《文殊师利所说般若波罗蜜经》一卷，梁普通中（520—527）僧伽婆罗译，现存。

3.《大般若波罗蜜多经》第七会般若室利分二卷，玄奘译，现存。

八、胜天王般若

1.《胜天王般若波罗蜜经》七卷，陈天嘉六年（565）月婆首那译，现存。

2.《大般若波罗蜜多经》第六会八卷，玄奘译，现存。

九、大般若

玄奘校合三种梵本，于显庆五年至龙朔三年在玉华殿译出，即《大般若波罗蜜多经》。此经共四处十六会二十万颂，六百卷，称《大般若》。译事详见《慈恩寺三藏法师传》卷十、《内典》与《开元》二录及《续僧传》卷四。

四处为：

1.（王舍城）鹫峰山（gṛdhrakūṭa）1—6及15。

2. 舍卫城（给孤独园）7—9及11—14。

3. 他化自在天王宫（Paranirmitavaśavartin）10。

4.（王舍城）竹林精舍（Venuvana）16。

十六会为：

1.《初会》四百卷（1—400），七十九品，相当于藏译的十万颂般若。

2.《二会》七十八卷（401—478），八十五品，相当于藏译的二万五千颂般若和汉译的大品般若。

3.《三会》五十九卷（479—537），三十一品，相当于藏译的一万八千颂般若。

4.《四会》十八卷（538—555），二十九品，相当于藏译的八千颂般若和汉译的小品般若。

5.《五会》十卷（556—565），二十四品，相当于藏译的八千颂分（四品缺）。

6.《六会》八卷(566—573)，十七品，相当于汉译的胜天王般若。

7.《七会》二卷（574—575），一品（曼殊室利分），相当于汉译的七百颂般若和文殊般若。

8.《八会》一卷（576），一品（那伽室利分），相当于汉译的濡首般若。

9.《九会》一卷（577），一品（能断金刚分），相当于藏译的三百颂般若和汉译的金刚般若。

10.《十会》一卷（578），一品（般若理趣分），相当于藏译的百五十颂般若和汉译的实相（理趣）般若。

11.《十一会》五卷（579—583），一品（布施波罗蜜分）。

12.《十二会》五卷（584—588），一品（戒波罗蜜分）。

13.《十三会》一卷（589），一品（忍波罗蜜分）。

14.《十四会》一卷（590），一品（勤波罗蜜分）。

15.《十五会》二卷（591—592），一品（静虑波罗蜜分）。

上述五会相当于藏译的一千八百颂般若。

16.《十六会》八卷（593—600），一品（般若波罗蜜分），相当于藏译的二千一百颂般若。

十、理趣般若

1.《大般若波罗蜜多经》第十会般若理趣分一卷，玄奘译。

2.《实相般若波罗蜜经》一卷，唐长寿二年（693）菩提流志译，现存。

3.《金刚顶瑜伽理趣般若经》一卷，唐开元十一至二十九年（723—741）金刚智译，现存。

4.《大乐金刚不空真实三摩耶经·般若波罗蜜多理趣品）一卷，唐天宝五年至大历六年（746—771）不空译，现存。

5.《遍照般若波罗蜜经》一卷，宋太平兴国五年（980）施护译，现存。

十一、杂类般若

除上述十种般若外，还有一些般若经典皆属杂类般若。其中，在玄奘之后译出而较重要的有宋施护译的下列几种：

1.《了义般若波罗蜜多经》一卷。

2.《五十颂圣般若波罗蜜经》一卷。

3.《帝释般若波罗蜜多心经》一卷。

此外，还有惟净译的《开觉自性般若波罗蜜多经》四卷。

继般若经之后出现的大乘经典是小品《宝积》，此经汉译前后共有四译，其中最早的为后汉建和元年至中平三年（147—186）支娄迦谶译的《佛遗日[曰]摩尼宝经》。

小品《宝积》是在般若的理论基础上形成的，但内容却较般若更为丰富。它提出了“根本正规”这一大乘的主要思想，即以般若观察一切，亦即舍“空观”和“实有”二边的“中道”。

《宝积》以后发展得十分庞大，并在唐景龙二年至开元元年（708—713）由菩提流志编译为《大宝积经》一百二十卷，四十九会。

《华严》提出了“十方成佛”的思想，扩大了成佛的范围，冲破了部派佛教限制。同时又提出了“三界所有，唯是一心”“十二有支，皆依一心”的唯心主义观点。这对以后大乘佛教向极端的唯心主义的发展有很大影响。固然佛教的整个体系本来就是建立在宗教唯心主义的基础之上的，但是在原始佛教时期对宇宙的本

质问题却避而不谈，对此部派佛教也未做出明确回答，只是在《华严》类大乘经典出现时才做出了正面的回答。

随着《宝积》《华严》之后出现的大乘经还有《法华》和《维摩》两类，这两类都是根据般若思想，用中道正观的方法，宣扬大乘，破斥小乘的。

上述这些大乘经典出现后，就需要有人把它们进行组织、整理，然后形成独立的大乘学说。在此过程中，由于涉及了宇宙的本质问题，所以在理论上的探讨就比过去更加深入了；同时，又由于社会不断的动荡、各派哲学及宗教间的斗争也日益激烈，从而佛教为了巩固自己的阵地，扩大自己的影响，便也日益向精巧的信仰主义发展。

最初组织整理大乘学说的学者是龙树（Nāgārjuna），实际上也可以说是大乘学说的创立者。关于他的生平，诸家聚讼，议论纷纭，迄今仍无定论。

龙树约为公元二三世纪时人，他的著作很多，号称“千部论主”。但流传下来的著作中伪托者也不少。基本上可确定为龙树著作中重要的有下列几种：

1.《中论颂》（Madhyamaka-kārikā）

这是龙树关于空和缘起的基本理论中最重要的著作，历来就受到大乘学者的重视。鸠摩罗什翻译此书时据说就有七十余家的注释，他选择了青目（Pingala）的注释，连同本文五百颂一并译出合为四卷。此外现存注释尚有以下八种：

a.《根本中论疏无畏论》（Mūlamadhyamakavṛtti-Akutobhaya），现仅存藏译本，即 Dbu ma rtsa baḥiḥgrel pa ga lasḥjigs med. 据鸠摩

罗什译的《龙树菩萨传》所述，为龙树自注，包括在其所著的《无畏论》中。

b. 佛护（Buddha-pālita）的《根本中论疏》（Mula-madhyamaka-vṛtti），现仅存藏译。

c. 清辨（Bhāvyc 或 Bhāvaviveka）的《般若灯论》（Prajñāpradīpa），现存汉藏两译。

d. 月称（Candrakīrti）的《净明句论》（Prasannapadā），是一部对研究《中论》十分详细有用的注释书。

e. 安慧（Sthiramati）的《大乘中观释论》，现仅存汉译。

f. 无著（Asaṅga）的《顺中论》，其全称应为《顺中论义入大般若波罗蜜经初品法门》（Madhyamaka-ś āstra-artha-anugata-mahāprajñāparamitā-sūtra-ādiparivarta-dharmaparyaya-praveśa），现仅存汉译。

g. 德慧（Guṇamati）注。

h. 提婆设摩（Devaśarman 或 Devakṣema）注。最后两注，现仅存藏译片断。

2.《十二门论》（Dvādaśa-dvāra-śāstra），仅存汉译，解释《中论》的根本理论，为研究《中论》的必读入门书。

3.《空七十论》（Śunyatā-saptati），现仅存藏译。

4.《回诤论》（Viigrahavyāvartanī），这是一部论战性的著作，主要是以他的理论批判正理派学说。此书有梵本和汉译藏译本。

5.《六十颂如理论》（Yuktiṣaṣtikā），现存汉译和藏译。

6.《广破经》（Vaidalyasūtra）和《广破论》（Vaidalya-pakaraṇa），前者包括七十二部小经，后者系对前者的详注，主要是批判正理派的十六句义。两著皆存藏译。

7.《大智度论》(Mahāprajñāpāramitā-upade śa-śāstra),是对《大品般若》的解释，原著的篇幅很大，鸠摩罗什译为一百卷，也仅是一个择译本。

8.《十住毗婆沙论》(Da śabhūmmi-vibhāṣā-śāstra)，是对《华严十住经》(即《十地经》的异译）的解释，鸠摩罗什译为十七卷，亦非全译。此译本系鸠摩罗什据其师佛陀耶舍口诵而译的，因佛陀耶舍只能诵出二住，其余八住都不复记忆了，所以只译成了十七卷。

9.《大乘二十颂论》(Mahāyāna-viṃśikā)，此书有梵本、汉译本和藏译本。

10.《菩提资粮论》，为组织学说的著作，仅存汉译。

11.《因缘心论颂释》(Pratītyasamutpāda-hṛdaya-kārikā)，有汉译和藏译。

12.《龙树菩萨劝诫王颂》(Ārya-nāgājuna-bodhisattva-suhṛllekha)，唐义净译，异译本有刘宋求那跋摩译的《龙树菩萨为禅陀迦王说法要偈》和僧伽跋摩译的《龙树菩萨劝发诸王要偈》。此外，又有藏译。

13.《宝行王正论》(Ārya-ratnāvalī)，陈真谛译，另有梵本及藏译。

14.《四赞歌》(Catuḥstava)，现存梵本及藏译本。

15.《赞法界颂》(Dharmadhāru-stotra)，有宋施护汉译。

16.《广大发原颂》(Mahā-pranidhānotpāda-gāthā)，施护译。

17.《壹轮卢迦论》(Ekaślokaśāstra)，元魏般若流支译。

18.《大乘破有论》(Bhavasaṃlrānti-sūtra),施护译,并有藏译。

19.《福盖正行所集经》,日称译。

龙树不仅对大乘佛学进行了认真的总结,而且对大乘佛学有重大发展。其中最主要的有以下几个方面:

1. 中道观

龙树发展了《宝积经》中提到的“中道正观”的思想,详细分析、批判了部派佛教偏执一道的观点,并对“中观”的定义做出新的说明。他的“中道观”的特点在于把“空”和“假”联系起来认识,既不着“有”,也不着“空”。

2. 八不缘起

在对世界的解释上,龙树认为必须破除八种错误的见解,才能认识一切现象的实相。八种错误的见解为生、灭、常、断、一、异、来、去。他称这八种见解为“戏论”。

3. 实相涅槃

涅槃是佛教追求的最终目的,但对涅槃的解释,龙树却有其独到之处。他认为破除戏论是涅槃实践的基础,只有这样才能显示一切法的实相。在一切法的实相显示之前,他称之为“趋向涅槃”。与无余涅槃相对,“趋向涅槃”又称为“无住涅槃”。它具有双重含义:一方面既然世界上一切现象是互相联系的,那么人与各种生物之间也必然是互相联系的。在这种情况下,人在追求涅槃的实践中,自然也应把个人融合于众生之中。因之实现究竟涅槃的实践是不能停止的,所以称之为“无住涅槃”。另一方面一切现象又总是变动不居的,而涅槃又是显示一切现象的实相的,从而涅槃也是无住的。然而一切现象的实相是空,涅槃的内容又是实相，于是，在这个意义上，实相就把一切现象和涅槃统一起来了。世界就是涅槃。

龙树之后，随着大乘佛教的发展，又出现了一批经典，其中最主要的有以下几种：

1.《涅槃经》

汉译《大涅槃经》分前后二分，前分为东晋法显与佛驮跋陀含译，后分为北凉昙无谶所译。两分主题虽同，但解释各异，这就说明两分非同时产生。前分继承并发展了《法华经》中提出的如来寿量无边和龙树《大智度论》中关于佛有两身的思想，提出了“法身常住”的学说。它认为佛性是常，故而法身常住。由此继续探讨，得出一切众生皆有佛性，皆可成佛的结论。可是它又认为“一阐提”不能成佛。由此可见佛教也和其他宗教一样，是不肯把进入天国的廉价门票轻易给予不信神的人们。

后分对佛性的说法与前分不同，它把智慧（能）和佛性（所）统一起来，并根据当时形势发展的需要，把“一阐提”不能成佛的限制也取消了。这就说明在各种宗教和各派哲学的斗争中，大乘佛教为了维护自己本身的利益和巩固自己的地位，在必要时也不得不放弃一点宗教的尊严来诱惑、拉拢人们。

2.《胜鬘经》

《胜鬘经》的全称是《胜鬘师子吼一乘大方便方广经》(Śrīmālā-siṃ ha-nāda-sūtra)，其主要内容是在《般若》《法华》《华严》《涅槃》诸经基础上，结合心的法性来讲佛性。心的法性就是心的本质，心的本质是清净，这就是“自性清净心”（Prakṛli-pariś uddhaṃ-cittam）。它又把如来藏（tathāgata-garbha）限制在这个范围之内，这点与《涅槃经》后分的精神是一致的。

认识“自性清净心”必须把如来藏与理解能力即“空性智”联系起来。“空性智”对“自性清净心”的理解包括双重含义：从正面理解，如来藏具有“空”的含义，即“空如来藏”；从反面理解，如来藏又具有“不空”的含义，即“不空如来藏”。《胜鬘经》也和《涅槃经》后分相同，也主张“一阐提”可以成佛。

3.《菩萨藏经》（Karma’āvaraṇa-pratipra śrabdha）

此经对当时流行的大乘学说全面地进行了组织。它以“六度”为中心，列智慧于首位，讲大乘菩萨道的组织，并认为四谛归于灭谛，与有部归于苦谛者不同。在胜义谛与俗谛二谛外，又提出相谛，合为三谛。此外，它又提到成就瑜加师地（Yogācābhūmi）得方便慧的问题，说明了它与以后瑜伽行派之间的密切关系。

4.《大乘阿毗达摩经》

此经又名《佛说阿毗达摩》，其内容主要是以“十殊胜语”概括了大乘佛教的一切学说，并明确提出阿赖耶识（Ālaya-vijñāna）是一切法的总依据。同时，此经又提出一切法的自性有三：遍计执、依他起和园成实。这些都是新的学说，对以后大乘佛教的发展影响很大。

《解深密经》（Saṃdhinirmocana-sūtra）与《大乘阿毗达摩经》的性质相同，但在阿赖耶识之外，它又提出了一个阿陀那识（ādāna-vijñāna）。阿赖耶识只是消极的收藏，阿陀那识则有积极能动的含义，但实际上两者仍然是一个东西。

此经十分强调瑜伽方法，并对其止观进行了详细的说明。

此期著名的大乘学者是无著（Asanga）和世亲（Vasuband-hu）

兄弟，他们约生活于公元四世纪中。他们早期皆在有部出家，以后无著改宗大乘，世亲受其兄影响，最后也改信大乘，同为大乘一代宗师。

无著由小乘转宗大乘，据说是受了弥勒（Maitreya）的影响，但弥勒系神话传说的人物，并非实有其人。世传所谓“弥勒五论”恐怕也多出于无著兄弟之手。“五论”即：

a.《瑜伽师地论》（Yogācāra-bhūmi-śāstra）

b.《分别瑜伽论》（Yogavibhāga-śāstra）

c.《分别中边论》（Madhyāntavibhāga-śāstra）

d.《大乘庄严经论》（Mahāyana-sūtrālaṅkāra-sūtra-śāstra）

e.《金刚般若论》（Vajraprajñaparamita-sūtra-śāstra）

《瑜伽师地论》一书在“五论”中地位最重要，内容十分丰富。它详细分别十七地义，并对菩萨地进行了深入分析。但应指出，《菩萨地》一章早在无著兄弟之前就已单独流行，可见此论应为无著之前的瑜伽师所著。

无著兄弟的著作很多，仅汉译本前后就有八十余种，被认为属于无著的著作主要有下列几种：

1.《显扬圣教论》（Prakaraṅāryavāca-śāstra）二十卷，玄奘译。此书重新组织了《瑜伽师地论》的学说，使之成为一部研究《瑜伽师地论》的纲要书。

2.《顺中论》（Madhyāntanugama-śástra）二卷，元魏瞿昙般若流支（gautamaprajñārcui）译。此书系《中论》前二颂的注释。

3.《大乘阿毗达摩集论》（Mahāyanābhidharmasamuccaya-śāstra）七卷，玄奘译。此书梵文原本残片近已发现，并已整理发表（见

V.V.gokhale：Fragments from the Abhidharmasamu-ccaya of Asaṅga，Journal of the Bombay Branch of the Royal Asiatic Society，voi，23. 1947）。

4.《摄大乘论》（Mahāyana-saṃgraha-śāstra），此书为无著的最主要的著作，梵文原本已佚，汉译前后共有四译，即：

a. 后魏普泰元年（531）佛陀扇多译本，二卷。

b. 陈天嘉四年（563）真谛译本，三卷。同年又译无著本，世亲释《摄大乘论释》十五卷。

c. 隋大业中（605—616）达摩笈多等译本，十卷。

d. 唐贞观二十二至二十三年（648—649）玄奘译本，三卷。又贞观二十一至二十三年或贞观二十一至二十二年译出无性造《摄大乘论释》十卷。

此外，还有藏译本。在上述四种译本中，以玄奘译本与藏译本十分一致。

5.《六门教授习定论》一卷，无著本，世亲释，唐长安三年（703）义净译。

世亲号称“千部论主”，著作甚丰，仅我国汉藏译本就有五十余种，主要的有：

1.《唯识三十颂》（Triṃśikā-vijñapti-kārikā）一卷，唐贞观二十二或二十三年（648或649）玄奘译。此书尚存梵本（Pub. parS.Lévi，Paris，1925）及藏译本。

2.《唯识二十论》（Viṃśatikā-vijñapti-mātrā-siddhi）一卷，唐龙朔元年（661）玄奘译，异译本有《唯识论》一卷，般若流支译；《大乘唯识论》一卷，真谛译。另有梵本（Pub.parS.Lévi，Paris，

1925）及藏译本。

3.《大乘成业论》（Mahāyana-Karmasiddiprakarṅa-śȧstra）一卷，玄奘译。异译本《业成就论》一卷，毗目智仙译。另有藏译本。

4.《大乘百法明门论》（Mahāyana-śatadharmavidhyād-vāra-śāstra）一卷，唐贞观二十二年（648）玄奘译。

5.《大乘五蕴论》（Mahāyāna-prñcasKamdhaprakaraṇa-śātra）一卷，唐贞观二十一年（647）玄奘译。有藏译本。

6.《佛性论》（Buddhagotra-śāstra？）四卷，陈真谛译。

7.《三自性偈》（Trisvabhāvanirde śa），无汉译。有梵本及藏译本，已由 ujitkumar Mukhopadhyaya 译为英文，见 Visavbharati Series No.4，Visvabharti，1939.

8.《止观门论颂》（Śamathavipavassanādvāra-śāstra-kārikā）一卷，唐景云二年（711）义净译。

9. 对传弥勒及无著诸书的注释：

a.《大乘庄严经论》

b.《辩中边论》

c.《法法性分别论》

d.《金刚般若波罗蜜经论》

e.《摄大乘论释论》

f.《显扬圣教论》

g.《六门教授习定论》

10. 对大乘经典的注释：

a.《妙法莲华经忧波提舍》（Saddharmapuṇḍarikopade śa）二卷，北魏菩提留支共昙林等译。

b.《无量寿经忧波提舍愿生偈》(Sukhāvatīvyūyhopadee śa)一卷，北魏永安二年（529）菩提流支译。

c.《十地经论》(Daśbhumi-vyākhyāna)十二卷，北魏菩提流支译。

d.《宝髻经四法忧波提舍》(Rathacūḍāmani-sūtra）一卷，东魏兴和三年（541）毗目智仙译。

e.《胜思惟梵天所门经论》(Viśeṣacintabrahma-paripṛcchā-sūtra-tīkā）四卷，北魏中兴元年（531）菩提流支译。

f.《转法轮经忧波提舍》(Dharmacakrapravartana-sūtropadeśa)一卷，东魏兴和三年（541）毗目智仙译。

g.《缘起经忧波提舍》(Pratītyasamutpādādina-vibhaṅga-nirde śa-sūtropadeśa)

h.《文殊师利菩萨问菩提经论》(Gayāsīrśa-sūtra-ṭīkā）二卷，元魏天平二年（535）菩提流支译。

11. 四种逻辑学著作：

a.《论轨》(Vādavidhi)

b.《论式》(Vādavidhāna)

c.《论式注》(Vādavidhāna-tīkā)

d.《如实论》(Tark śāstra）卷，梁真谛译。此外，世亲在改宗大乘佛教以前还有一部阐述小乘学说的名著，即《阿毗达摩俱舍论》(Abhidharma-kośa-bhāsya）三十卷，唐玄奘译。异译本有陈真谛译《阿毗达摩俱舍释论》二十二卷。梵本《俱舍论颂》，见 V.V.Gokhale，The Text of the Abhidharmako ś akārikā of Vasubandhu，Journal of the Bombay Branch，Royal Asiaic Sociey，N.S，voā 22，1946，p.73-102。梵本《俱舍论》长行见 P.Pradhan

编辑出版的 Abhidharmako śabhāsya of Vasubandhu，Tibetan Sanskrit Works Series，vol V Ⅲ，K P.Jayaswal Research Institute，Patna，1967. 现亦存藏译本。

在无著、世亲之后，大乘佛教内部不久就分裂为两大派：瑜伽行派（Yogācāra）和中观派（Mādhyamika）。对此，义净曾说："所云大乘，无过二种：一则中观，二乃瑜伽。中观则俗有真空，体虚如幻；瑜伽则外无内有，事皆唯识。"（《南海寄归内法传》卷一）瑜伽行派尊崇无著、世亲所传学说，以《瑜伽师地论》为主要典籍；中观派则以龙树为宗师，以《中论》为主要典籍。

世亲学说虽然博大，但其中心仍是唯识说，以后在瑜伽行派的发展过程中逐渐又形成了唯识说的两派：一派恪遵世亲唯识说，未敢越雷池一步，被称为唯识古学；另一派颇能自由发挥世亲唯识学，被称为唯识今学。

唯识古学的主要代表为难陀（Nanda，约 450—530）和安慧（Sthirmati，475—555），唯识今学的主要代表为陈那（Dignāga，400—480）和护法（Dharmapāla，530—561）。

陈那的著作主要有：

1.《佛母般若波罗蜜多园集要义论》（Prajñāpāramitāsaṃgrahakārikā）一卷，宋雍熙二年（985）施护译。三宝尊对此书曾作注释，名《佛母般若波罗蜜多园集义释论》（Ārya-prajñāpāramitāsaṃgrahakārika-vivarṇa）四卷，亦为宋施护译。前者有梵本及藏译本，后者有藏译本。

2.《无相思尘论》（Ālaṃbaṇa-parīkṣa-vṛtti）一卷，陈真谛译。

3.《解拳论》（Hastavālaprakaraṇa-vṛtti）一卷，真谛译。异

译本《掌中论》一卷，唐义净译，另有藏译本。

4.《取因假设论》一卷，唐长安三年（703）义净译。

5.《观总相论颂》（Sāmānya-lakṣ aṇa-parīkṣa）一卷，唐景云二年（711）义净译。

此外，陈那对因明学的发展影响极大，他把因明学运用于全部佛学，形成了佛教逻辑。此后，出现了大批佛教逻辑学家，他们继承了陈那的学说，对佛教认识论进行了认真的探讨。

陈那著有"因明八论"，对此，义净曾有记载云："因明著功，锐彻陈那之八论。一《观三世论》，二《观总相论》，三《观境论》，四《因门论》，五《似因门论》，六《理门论》，七《取事施设论》，八《集量论》也。"(《南海寄归内法传》卷四)

"八论"中除《因门论》《似因门论》我国无译本外，其余皆有汉译或藏译本。关于陈那因明著作的考证详见 E.Frauwallner, Wiener Zeitschrift für die Kunde Süd-und Ostasiens und Archiv für Indische Philosophie，111，1959，83—164。

护法的著作在汉译中有下列几种：

1.《成唯识论》（Vijñāptimātratāsiddhi-śāstra）十卷，唐显庆四年（659）玄奘编译。此书被认为法相宗的基本论书。

2.《成唯识宝生论》（Vijñaptimātratāsiddhiratnasam-bhava?）五卷，唐景龙四年（710）义净译。

3.《观所缘论释》一卷，义净译。

4.《大乘广百论释论》十卷，唐永徽元年（650）玄奘译。

难陀著作已佚。

安慧著作现存较多，如：

1.《唯识三十颂注》，存梵本及藏译本。

2.《辩中边论复注》，存梵本及藏译本。

3.《俱舍论实义疏》，仅存汉译本，译者不明。

4.《大乘中观释论》十八卷，宋惟静等译。

5.《大乘庄严经论复注》，仅存藏译本。

6.《大乘阿毗达摩杂集论》（Mahāyanābhidharma-samuccaya-vyākhya）十六卷，唐贞观二十年（646）玄奘译。

中观派的主要代表是佛护（Buddhapālita，约470—540）和清辨（Bhāvaviveka，约490—570）。他们标榜恢复龙树学说，与瑜伽行派对立。实际上两派皆源出于瑜伽师的同一系统，只是对"地"的看法不同罢了。

佛护曾为《中论》作注，我国有藏译本，但非全本。他在学说方面并无新的见解，只是在方法论方面吸收了当时因明学的成就，在辩论时采用只指出对方的错误而不提出自己主张的方法。

清辨和佛护不同，他对佛教内外各派学说皆采取批判态度。他的学说比佛护更为广博，著作颇丰。如：

1.《般若灯论释》(Prajñāpradīpamūlamadhyamaka-vṛtti) 十五卷，唐贞观六年(632)波罗颇蜜多罗译。此书系对《中论》所作的注解。

2.《大乘掌珍论》（Karatalaratna）二卷，玄奘译。

3.《中观心论》（Madhyamaka-hṛdaya）有颂及释，释名《思择焰论》，藏译三十卷。汉译《大乘掌珍论》为此书的纲要性著作，非全本。

4.《中观宝灯论》（Madhyamaka-ratna-pradīpa）。

5.《摄中现义论》（Madhyamakārthasṃgraha），有藏译本。

清辨在《般若灯论释》中批判了佛护的学说，于是在中观派内部又因此而出现了两派：一派维护佛护的学说，称为“归谬论法派”（Prāsangika）；另一派尊崇清辨的学说，称为“独立论证派”（Svātantrika）。

《中观心论》着重批判瑜伽行派的三性说。瑜伽行派主张世俗谛为三性无，而胜义谛则三性有，即所谓“俗无真有”；清辨则主张“俗有真无”，与瑜伽行派的主张完全相反。

瑜伽行派和中观派的对立，是与当时社会情况和那烂陀寺有密切关系，瑜伽行派受到当时处于衰落中的笈多王朝的支持，并从护法开始就在那烂陀寺中占居统治地位。他们支持五种姓的主张，显然是为统治阶级服务的。中观派与瑜伽行派不同，他们皆非出身于那烂陀寺，而且经常活动于民间，自然容易接受流传于民间的各种学说的影响。特别是清辨，他和数论派的关系十分密切，从而在他的学说中就流露出明显的数论派思想的影响，有一定的唯物主义的倾向。虽然在思想体系上，他并未摆脱《辩中边论》的基本思想，但他对《辩中边论》也非全盘接受。同时，他那种不妥协的批判精神也使他的学说在佛教内部表现出一种鲜明的独立性格。

大乘佛教内部分裂为瑜伽行派和中观派以后，就逐渐走向经院哲学的道路。他们以主要的寺院为中心（先为那烂陀寺，后为超行寺），热衷于繁琐、神秘的思辨，除了因明学以外，几乎没有什么新的学说。尤其是随着密教的兴起和发展，大乘佛教也就日益衰微了。

②最上乘：梵语为 agrayāna，见本经梵本；又为 uttama-yāna，

见 MSA。最上之乘，最高之教。就三乘而言，菩萨乘为最上乘。亦即佛乘。又与大乘同。

【经文】

若有人能受持读诵，广为人说，如来悉知是人，悉见是人，皆得成就不可量、不可称、无有边、不可思议功德。如是人等，即为荷担①如来阿耨多罗三藐三菩提。

【注释】

①荷担：背承为荷，肩承为担。即承担或负担。

【经文】

何以故？须菩提。若乐小法①者，著我见②、人见③、众生见④、寿者见⑤，则于此经不能听受读诵，为人解说。

【注释】

①小法：梵语为 hīna，有两种含义：

1. 非正法，无高尚理想的说教。见《维摩经》㊅14，552 页。

2. 指小乘。见《法华经·寿量品》㊅9，42 页。“少智乐小法”(hīna-adhimukta)，见《法华经 · 方便品》㊅9，9 页；SaddhP.p.54.

②我见：有我论。见《法华经 · 譬喻品》㊅9，12 页；《维摩经》㊅14，549 页；《俱舍论》卷九、卷十九等。梵语为 ātma-dṛṣṭi，见《瑜伽论》卷十六㊅30，263 页。PG.K.24，p.171;K 31，p.172.《俱舍论》卷二十六㊅29，137 页。AKbh.p.400. ātma-darśana，见 MSA.

MAV. ātma-grāha，与我执同，见 MAV. ātma-asadgráha，见 MAV. pudgala-dṛṣṭi 见 Laṅk. 与补特伽罗说同。又为五见（pañca-dṛṣṭi）之一，五见为：

1. 有身见（stakāya-dṛṣṭi，即我见）；

2. 边执见（antaparigrāha-dṛṣṭi）；

3. 邪见（mithyā-dṛṣṭi）；

4. 见取见（dṛṣṭi-parāmarśa）；

5. 戒禁取见（śīla-vrata-parāmarśa-dṛṣṭi）。

五见见《八犍度论》㊅26，772 页；《异部宗轮论》㊅49，17 页；《俱舍论》卷十九等。

③人见：人我见之简称，即补特伽罗说（pudgala-dṛṣṭi），见本经梵本。pudgala-dṛṣṭika，人见者，亦见本经梵本。

④众生见：执着于众生皆实在的妄见。梵语为 sattva-dṛṣṭi，见本经梵本。sattva-dṛṣṭika，众生见者，亦见本经梵本。

⑤寿者见：视一切有生命者皆实在的见解。梵语为 jīva-dṛṣṭi，见本经梵本。jīva-dṛṣṭika，寿者见者，亦见本经梵本。

【经文】

须菩提，在在处处①，若有此经，一切世间天、人、阿修罗，所应供养。当知此处，即为是塔②。皆应恭敬，作礼围绕③，以诸华香④而散其处。

【注释】

①在在处处：一切所在之处。

②是塔：即如来舍利宝塔。

③围绕：右行绕塔敬礼。因右行绕塔三遍，又称“右绕三匝”。见《灌顶经》卷十二㊅21，534页；《商主天子所问经》㊅15，119页；《八佛名号经》㊅14，76页。

④诸华香：名种花和香。诸种花名（Puṣpa-nāmāni）如下：

莲花（Jala-ja，即水生莲）

莲花（Cata-pattra，即百瓣莲）

莲花（padma）

莲花（Utpala）

固目答（Kumuda，即黄莲花）

白莲花（Puṇḍarīka）

胜香（Saūgandhika，即白色的睡莲）

妙香味（Mṛidu-gandhika）

陆生（Sthala-ja，即陆生莲）

瞻波伽（Campaka），又译为占博迦，见《有部律》㊅23，640页。占匐华，见《道行般若经》卷九㊅8，471页。即金色华。

贝罗波却（Kuravaka，Kurabaka），学名为Barleriacristata。

夏生（Varṣikī[-kā]），又作雨生，为茉莉花的一种。

大夏生（Mahāvarṣikī），即大茉莉花。

鬘生（mallikā），又作堪作鬘，为茉莉花的一种。

杂花（Nava-mallikā），即茉莉花。

肉冠花（Jāti-kusumā）

肉冠花（Sumana），又作苏末耶，学名为Rosa glandu lifera或Chrysanthemum Indi cum。

玉提伽（Yūthikā）

陀奴劫利（Dhanuṣkārī）

君若（Kunda），即白茉莉花。

三色花（Pāruṣaka），又作紫矿花。

大三色花（Mahāruṣaka）

柔软（Mahāmañjuṣaka），又作赤花。

大柔软（Mahāmañjuṣaka）

忘忧花（Acoka）

林陀（Mucilinda），又作目真邻陀。

大林陀（Mahāmucilinda）

莫组君陀（Mucukunda）

醉花（Bakula）

阿西那（Asana）

卮子（Priyagu）

夫那伽（Punnaga）

劫丹波（Kadamba），又作迦昙花、柯昙婆花、迦淡闻花。

多奴哥多及（Dhanuṣketakī）

牙皂花（Karṇikāra-puṣpa）

菊花（Eḍākṣi-puṣpa）

多劫罗（Tagara）

花须（Kesara）

多罗树叶（Tamāla-pattra）

花绕（Laṅgalī-puṣpa），又作良伽利花。

花苞（Stambaka）

色妙花（Roca）

大妙花（Mahāroca）

萨陀罗（Sthāla）

大萨陀罗（Mahāsthāla）

无垢轮（Cakra-vimala）

百瓣轮（Cakra-cata-pattra）

亿瓣（Cata-sahasra-pattra）

千瓣（Sahasra-pattra）

普光（Samanta-prabha）

普香（Samanta-gandha）

普光可爱（Samanta-sthūlāvalokana-nayābhirāma）

珠光颗（Muktā-phalaka）

星光（Jyotiṣ-probha）

作光（Jyotiṣkara）

善思花（Atimuktaka），又作苣藤。

灰色（Pāṭala）

大灰色（Mahāpaṭala）

灰丝色（Citra-pāṭala）

大灰丝色（Mahācitra-pāṭala）

罗陀罗（Mandārava），又作适意或风伽子花。

大曼陀罗花（Mahāmandātava）

白色花（karkarava）

大白色花（Mahākarava）

天喜花（Deva-sumanā），又作人天喜花。

多罗尼（Taraṇi）
瓜多罗尼（go-taraṇi）
波利（Vali）
丁土伽（Tinduka）
肉色花（Kiṃcuka）
草鬼见愁（Valla）
艾花（Baka-puṣpa）
伽丹波伽花（Kadambaka-puṣpa）
句婆罗花（Kuvalaya-puṣpa），即青莲花。
回香花（Ajiji-puṣpa）
阿罗歌花（Arka-puṣpa），又作白花。学名为 Asclepias gigantea。
以上见 Mvyut.6142—6217。
诸种香名（Sarva-dhūpa-nāmāni）如下：
草河车（Vayana）
格香（Tagara），又作甘松。
檀香（Candana）
速香（Agaru），又作紫丁香木香。
兜罗香（Turuṣka）
沉香（Kṛiṣṇāgaru）
多磨罗叶（Tamāla-pattra）
蛇心檀（Uraga-sāra-candana）
随时檀（Kālānusāri-candana）
安息香（guggulu）
樟脑（kat-pūra）

郁金香（Kuṅkuma），又作红花。

香（Kunduru）

白胶香（Sarja-rasa）

以上见 Mvyut. 6248—6261。

【经文】

复次，须菩提，若善男子、善女人，受持读诵此经，若为人轻贱，是人先世罪业①，应堕恶道②，以今世人轻贱故。先世罪业，即为消灭，当得阿耨多罗三藐三菩提。

【注释】

①罪业：即恶业。这是受当时各种宗教学说的影响而形成的关于“业”的学说中的一种。见《别译杂阿含经》卷七㊅2，425页。亦即由身、口、意三方面造成的罪恶之业。见《大涅槃经》卷二十；《俱舍论》卷九。梵语 aśukla-karman，见本经梵本。Karma-āvarana 见 Laṅk.

②恶道：佛教认为，人们生前如有罪恶，死后轮回转生则堕入恶道。恶道有三：

1. 地狱道（naraka-gati）

2. 饿鬼道（preta-gati）

3. 畜生道（tiryagyoni-gati）

与恶趣同，梵语为 durgati，见《法华经·如来寿量品》㊅9，43页；Saddhp.p.278.《百五十赞》；MAV.《灌顶经》卷十二㊅21，533和534页。apāya 见 MAV. 又特指地狱，梵语为 naraka，见 Laṅk.

【经文】

须菩提，我念过去无量阿僧祇[①]劫，于然灯佛前，得值八百四千万亿那由他[②]诸佛，悉皆供养承事，无空过者。若复有人于后末世[③]，能受持读诵此经所得功德，于我所供养诸佛功德，百分不及一。千万亿分，乃至算数譬喻，所不能及。

【注释】

①阿僧祇：为梵语 asaṃkhya，asṃkhyeya 的音译，意译为无数。见《商主天子所问经》㊅15,119 页。又为印度数量名称之一，实际上是一种数量极大的名称，据说十乘五十九次可得此数。见《观无量寿经》㊅12,344 页；《阿弥陀经》㊅12,347 页；SSukh.p.16.《大智度论》卷二十七㊅25，256 页；《宝性论》㊅31，836 页。

阿僧祇劫，即无数之劫。梵语为 asaṃkhyeyaiḥe kalpair… 见《法华经》卷一㊅9，3 页；SaddhP.p.16. Kalpa-asamkhyeya，见 MAV.

②那由他：为梵语 nayuta 的音译，印度数量单位之一。异说极多，有的说是千万，有的说相当于千亿。总之，亦为一种数量极大的名称。见《方广大庄严经》卷一㊅3,541 页；《佛本行集经》卷十三㊅3，710 页。niyuta，见 Laṅk.

③末世：末代，末法之时代，佛法衰亡之世。佛教认为，佛陀灭后最初的一千年（或五百年）称为正法，其次的一千年称为像法，再后的一万年称作末法。末世即末法之世，梵语为 Paścima-kāla，见本经梵本。ksīne yuge，见《佛所行赞》卷三㊅4，25 页；Buddhac.XⅢ，12.

【经文】

须菩提，若善男子、善女人，于后末世，有受持读诵此经，所得功德，我若具说者，或者人闻，心即狂乱①，狐疑②不信。

【注释】

①狂乱：心狂而迷乱，梵语和巴利语皆为 saṃmoha，见 MAV.《杂阿含经》㊅2，119 页；SN. Ⅳ，p.209.

②狐疑：巴利语为 vicikicchā，见《杂阿含经》卷十㊅2，627 页；AN. Ⅲ,297. 梵语为 vicikitsā,见《俱舍论》卷二十六㊅29,134 页；Akbh.p.391 ；AKV.p.132.

【经文】

须菩提，当知是经义不可思议，果报①亦不可思议。

【注释】

①果报：结果与报应，即以业为因，报之以果。佛教认为，以前如有善业，以后必得乐果；以前如有恶业，以后必得苦果。巴利语、梵语皆为 phala,见《杂阿含经》卷二十八㊅2，203 页；《瑜伽论》卷十六㊅30，364 页；PG. p174. MAV. 又巴、梵为 vipāka，汉译亦为异熟，见《杂阿含经》卷二十八㊅2，203 页。Laṅk. MSA. 梵 dharma，见《中论》十七、十八。梵 sa-phalatva，见《出耀经 · 华品》㊅4，709 页；《灌顶经》卷十二㊅21，534 页。

【经文】

尔时，须菩提白佛言：世尊，善男子、善女人，发阿耨多罗三藐三菩提心，云何应住？云何降伏其心？佛告须菩提：善男子、善女人，发阿耨多罗三藐三菩提心者，当生如是心：我应灭度[1]一切众生。灭度一切众生已，而无有一众生实灭度者。

【注释】

①灭度：灭即涅槃，度即到达彼岸之意，亦即达到悟的境界。见《般泥洹经》上㊅1，182页；《无量寿经》上㊅12，266页。巴利语为parinibhāna，见《别译杂阿含经》卷一㊅2，278页；Udv.p.92. 巴parinibhāti，见《长阿含经》卷二㊅1，15页；MPS. Ⅲ，7. 梵parinirvāpita（导入永远平的境地），见本经梵本。梵parinirvāṇa，见《法华经·寿量品》㊅9，42页；Saddhp.p.272. 梵nirvāṇa，见《正法华》卷一㊅9，67页；SaddhP.p.23. 梵Mahāparinirvāṇa，见《无量寿经》上㊅12，268页；《维摩经》㊅14，540页、542页。又指佛陀入灭，梵Parinirvṛta，见《法华经》卷一㊅9,3页；SaddhP.p.12.《法华经》卷一㊅9,7页；Saddhp.p.40. 梵Parinirvāṇa，见《法华经·寿量品》㊅9,42页；SaddhP.p.270.《法华经》卷一㊅9,5页。“无上法王久已灭度…”见《俱舍论》卷八。又与灭除同，即否定。见《正法华》卷一㊅9，65页。梵advaya-pravṛtta，见SaddhP.（彼得洛夫斯基本）

【经文】

何以故？须菩提，若菩萨有我相、人相、众生相、寿者相，即非菩萨。所以者何？须菩提，实无有法，发阿耨多罗三藐三菩提心者。

须菩提，于意云何？如来于然灯佛所，有法得阿耨多罗三藐三菩提不？

不也，世尊。如我解佛所说义，佛于然灯佛所，无有法得阿耨多罗三藐三菩提。

佛言：如是[①]，如是。

【注释】

①如是：梵语为 evam，见《中论》，MAV. tathāvidha，见《中论》。eva ṃ rūpa，见 Mryut. 5396.

【经文】

须菩提，实无有法，如来得阿耨多罗三藐三菩提。

须菩提。若有法，如来得阿耨多罗三藐三菩提者，然灯佛即不与我授记[①]。汝于来世当得作佛，号释迦牟尼[②]。

【注释】

①授记：巴利语为 veyyākaraṇa，梵语为 vyākaraṇa，其原意为区别、分析、发展，汉译尚有受记、记别、记说、授决等。最初系指对某种学说的分析或用问答体进行解说，以后逐渐成为佛对修行者关于在来世获得最高证果的证言，即预言或保证。关于这

方面的论述，在佛典中为十二部经之一，音译为和伽罗那。十二部经为：

1. 修多罗（sūtra），译为经或契经，为直接说明法义的长行。

2. 祇夜（geya），译为广颂或重颂，为与经文相应的偈颂。

3. 伽陀（gāthā），译为讽颂或孤起颂，全为韵文，不用散文。

4. 和伽罗娜（vyakaraṇa），即授记。

5. 优陀那（udāna），译为自说，为佛陀自说而无问者的经文。

6. 尼陀那（nidāna），译为因缘，为说佛陀说教因缘。

7. 阿波陀那（avadāna），译为譬喻，即以譬喻说明法义。

8. 伊帝目多伽那（itivṛttaka），译为本事或如是语，为说佛陀弟子过去的因缘。

9. 阇陀加（jātaka），译为本生，为说佛陀过去的因缘。

10. 毗佛略（vaipulya），译为方广，即说方正广大的真理。

11. 阿浮陀达摩（adbhuta-dharma），译为未曾有，即说佛陀具有不可思议的神奇力量。

12. 优波提舍（upade śa），译为论议，为关于法理的议论问答。

虽然授记为十二部经之一，但一般仍以用作未来成佛的证言为主。在原始佛教经典中。我们就已看到关于佛陀于过去世曾从然灯佛那里得到授记，弥勒又在佛陀那里得到授记的记载。可是，只有到了大乘佛教时期，由于佛陀被更加神圣化，所以关于授记的范围也被扩大了，记载也就更多了。《无量寿经》中关于法藏比丘从世自在王佛那里获得成为阿弥陀佛授记与《法华经》中关于舍利弗等声闻的授记，就是最著名的事例。至于成佛授记的种类，在《大乘庄严经论》卷十二中有过详细的记载和说明。此词梵语又为 vyākaraṇa-de śanā，见 MSA. vyākaraṇa-kathā，见《宝性论》㊅31，827 页。vyākaroti，见《法华经》卷一㊅9，3 页；SaddhP.p.14. vyākaraṇa，又见于 Mvyat. 1269。

②释迦牟尼：梵语为 Śākyamuni，意为“释迦族的圣者”，为佛教创始人乔达摩（巴 Gotama，梵 Gautama）的尊称之一，即佛陀。

关于佛陀的生卒年月，异说极多，目前多数学者认为，约在纪元前六世纪中叶至纪元前五世纪中叶，享年八十岁。

佛教及其信徒出于其本身的目的，对佛陀一生的活动及其思想发展的情况，编织了许多光怪陆离的神话和传说；同时，除了佛教文献以外，几乎没有任何可信的历史资料可供参考，从而直至今日尚未出现一部关于佛陀传记的科学著作，甚至连像青年黑格尔派对耶稣基督的批判研究也没有认真进行过。因之，这里我们只能根据佛教文献进行一些初步的探索。

佛陀名悉达多（巴 Siddhattha，梵 Siddhārtha），姓乔达摩，为释迦族（巴 Ś akiya，梵 Śakya）的王子，生于迦毗罗卫城（Kapilavastu）的兰毗尼园（巴 Lumbini，梵 Lunbinī）。此地早已荒芜，对此我国古代高僧法显和玄奘皆有记载。可见迦毗罗卫城早在五世纪时就空荒，至于兰毗尼园则更湮没无闻。直至十九世纪末叶，福勒（A.Führer）才发现了此园遗址及阿育王石柱等，证实了佛陀诞生的具体地方。详见 A.Führer，Monograph on Buddha Śākyamuniś Birth-place in the Nepaiese Tarai，Allahabad，1897.（Archaeological Survey of Northern India，Vo1.6.）阿育王的石柱铭文如下：

Devānapiyena Piyadasina Lagina visativaśabhisitena

atana agāca mahiyite hida budhe Jāte Sakyamunītī

Sila vigadabhicā kālapita silāthabheca usapāpite hida

bhagavain jāteti Lummingāme ubalikekaṭe athabhāgiyeca

对此铭文各家的解释不同，兹据弗里特(J.F.Fleet)的解释译出：

"为神垂爱的喜见王即位之二十一年，亲诣此地朝拜。因释迦牟尼诞生于此，故造石垣，并立石柱。因薄伽梵诞生于此，故特免去兰毗尼村之一切租税，以浴王化。"（参见 Journal of Royal Asiatic Society，1908，pp. 473，486）

迦毗罗卫城在恒河北部的地位十分重要，它的东面是拘尸(Kusinagara)，南面是婆罗奈（Varaṇạsī)，北面是舍卫城（Śrāvāsti)，这些都是当时著名的城市，经济和文化都很发达。特别是各学派在这里十分活跃，对佛教的产生影响颇大。

佛陀少时的启蒙老师据说是毗舍蜜多罗（Viśvāmitra，选友)，此人为出身于刹帝利的学者，曾按传统的教育教授佛陀四吠陀及五明。及长，对宫廷生活日益厌倦，并通过生、老、病、死等现象，痛感人生的苦恼，"一切皆苦"的思想遂由此产生。二十九岁时，他决心出家，以探索解脱痛苦烦恼的方法，寻求解脱的真谛。

佛陀出家后，曾向数论派学者阿奈罗迦兰（Ālādakālama)、郁陀罗罗摩子（Udrarāmaputra）求教。当他向阿奈罗迦兰提问非想非非想处（Naivasañjñanasañjnāyatana）有我还是无我时，就已产生了无我论（nairatmyavāda）的萌芽。其后他又按婆罗门教的要求度过了六年严格的苦行生活，但却毫无结果，遂认为婆罗门教并非使人获得解脱之道的宗教，于是就开始产生了摆脱婆罗门教的束缚，另立新宗教的念头。当他来到伽耶（gayā，今佛陀伽耶 Buddhagayā）的毕波罗树（Pippla，后称菩提树 Badhidruma)

下时，就停下来静坐思维，以探索人生的究竟，获得解脱的正道。实际上，这正是他组织经验，为创立新的宗教进行理论的准备。

据说通过四十九天的静坐思维，佛陀最终认识到人生一切痛苦皆系由一系列的因果关系造成，如果消灭了产生一切痛苦的最初原因，就可获得彻底的解脱，达到涅槃的境界。这一系列的因果关系即所谓“缘起”（巴 Paticcasamuppāda，梵 Pratityasamutpāda），亦即“十二缘起”（巴 Dvadasapaticcasamuppāda，梵 Dvāda ś apratityasmutpādāh）或“十二因缘”（巴 Dvadasanidānāni，梵 Dvada ś anidānaṁ）。无明（巴 Avijja，梵 Avidya）为一切痛苦之本，故消灭无明才能获得解脱。佛陀认识及此，就自以为认识了宇宙的真理，就成了正觉。应该指出，佛陀的因果论纯粹是主观主义的因果论。他把心理现象作为认识的出发点，又从心理现象引出自然现象，并由自然现象引出人的意识，最后又从意识中把生理现象和自然现象归结为各种抽象概念。这正是一切宗教唯心主义的共同特点。

佛陀自称成道（时年三十五岁）后，即赴鹿野苑（巴 Migadāya，梵 Mṛgadāva，即鹿苑）收憍陈如（Ajñātakauṇḍinya）、摩诃男（Mahānaman）、跋提（Bhadrika）、婆沙波（Vāṣa）、阿说示（A śvajit）五人为弟子。至此，算是初步具备了创立新宗教的三个条件：教主——佛陀，称为佛宝（Buddhe-ratna）；教义——四谛（Catursatya），称为法宝（Dharma-ratna）；信徒——憍陈如等，称为僧宝（Saingha-ratna），是谓“三宝具足”。

佛陀在鹿野苑说法三月，弟子扩大到五十余人。为了扩大佛教影响，佛陀派他的弟子们四出传教。以后，他便只身到了摩揭陀国（Magadha）。

摩揭陀是当时北印最强大的国家，取得摩揭陀国王的支持，对佛教的存在与发展关系极大，这一点佛陀本人十分清楚，因之他到达摩揭陀后就在其首都王舍城（Rājāgṛha）首先劝说频毗婆罗王（Bimbisāra）皈依佛教。频毗婆罗王信佛后，王舍城内居民的生活发生了很大变化。

“佛未入摩揭陀时，国民丰富，饶美饮食，作乐娼妓，常欢不废，夙夜游戏。佛适入国，罗阅祇城，昼夜寂寞，诵声济济，斋戒读经。舍世俗乐，如弃粪除。唯佛是尊，听经行法，不舍三宝。”（《普曜经》卷八）

居民生活的改变，昼夜寂寞，最便于王权的统治。这时王权终于找到了一种在新形势下最能代表其利益并能帮助它巩固政权的宗教。于是王权开始与佛教结合，佛教成了摩揭陀的国教。当时恒河流域，婆罗门教的统治地位本来就已经动摇，各派学说盛行，加以佛教兴起，愈益使婆罗门教陷于困境。随着阶级斗争的发展与王权加强，从而出现了一个在精神上独树一帜的佛教与婆罗门教抗衡的新局面。

在摩揭陀期间，佛陀进一步组织了他的教义，吸收并改造了各种学说，其中特别是吸收并改造了数论派的学说，以适应佛教的需要。这一点可以从他对频毗婆罗王的说教中得到说明。他在说教中，主要从无我论出发来论证他的三世生染论。他极力证明由于情、尘、识的相互作用并与外界结合，才引起了各种思想，从而陷入轮回，产生痛苦。如断绝一切客观现象的影响，便可消除一切思想，从而也就消灭了一切痛苦，获得解脱。其方法是通过“反观内照”，使精神完全脱离客观世界的影响，最后也消灭精神本身，达到绝对寂静的境界（涅槃）。这是彻底的主观唯心主义，也是彻底的厌世主义。

显然，佛陀的无我论来源于数论派，但一经他的彻底改造，便完全抽掉了数论派唯物主义基础而变为极精致的佛教教义。试以佛教主张五阴（pañca-skandha）组成人身的说法与数论派的学说比较，就可看出：五阴中的色相当于五大，受相当于五唯，想相当于五知根，行相当于五作根，识相当于心根。但两者由于理论基础的不同，从而最后在体系上也就截然不同了。

佛陀的宗教是否认神，否认灵魂的宗教，也是彻底消灭精神的宗教。因之，它比一切其他有神并承认灵魂不死的宗教更为精致，更能麻痹人民的斗志。正由于它要从否认神的前提下说明彻底的解脱，并通过思维来消灭思维本身，所以就需要更为精细而致密的思维，精密的教义可以引起人们无穷的探索，从而也引起以后部派的分歧、大小乘的对立以及浩瀚的经典的产生和无休止的争议；同时，通俗的逻辑、不奉神灵、不行祭礼以及形式上不分种姓的宣教，又易于被受尽苦难的人民所接受。此外，更为重要的则是它最符合于统治阶级的需要，从而能够得到阶级社会中国家的支持，迅速传播，逐渐成为世界性的宗教。

佛陀在取得频毗婆罗国王的信任，并使他的宗教成为摩揭陀国教后，曾因其父净饭王（Śuddhadana）病笃归国。在故乡期间，佛陀曾对其父谈过包括他自己在内的所谓“七佛”（Sapta-buddhās），并使迦毗罗卫和拘利两城释迦族的刹帝利二百五十人皈依了佛教。这两件事对我们认识佛教的阶级实质都具有一定的意义。

除佛陀本人外，过去六佛佛名及其出身种姓如下：

毗婆尸佛（Vipaśyi），生刹帝利家；

尸弃佛（Śikhī），生刹帝利家；

毗舍婆佛（Viśvabhū），生刹帝利家；

拘留孙佛（Krakucchanda），生婆罗门家；

拘那舍佛（Kanakamuni），生婆罗门家；

迦叶佛（Kaśypa），生婆罗门家。（《长阿含经》卷一）

关于过去诸佛除上各佛外，尚有：

然灯多陀阿伽度阿罗呵三藐三佛陀，生婆罗门家；

一切胜佛，生刹帝利家；

莲花上佛，生婆罗门家；

最上行佛，生刹帝利家；

德上名称佛，生婆罗门家；

帝沙如来，生婆罗门家；

弗沙如来，生刹帝利家；

见真义佛，生刹帝利家；

神闻如来，生刹帝利家。（《佛本行集经》卷四）

虽然这些都是佛陀去世以后，由佛教僧侣逐渐编造出来的神话传说，但仍可说明，随着佛教的发展与佛陀的神化，逐渐又产生了一种与婆罗门教妥协的倾向；同时也可说明，佛教始终是统治阶级的宗教。

至于迦毗罗卫与拘利两城释迦族刹帝利二百五十人皈依佛教的事（参阅 Jātaka，V.412—414），则更可说明这是佛陀为了加强其本族在他的日益扩大的僧团中的统治地位所采取的一项重要措施。

这里也应略述佛陀十大弟子的情况，以便进一步说明佛教的阶级实质：

1. 舍利佛（Śāriputra），在佛陀弟子中号称智慧第一，生婆罗门家；

2. 目犍连（Maudgalyāyana），号称神通之一，生婆罗门家；

3. 大伽叶（Mahākaśyapa），号称头陀第一，生婆罗门家；

4. 阿拿楼陀（Anuruddha），净饭王弟甘露饭王（Am ṛtodana）之子，为佛陀的从兄弟；

5. 须菩提（Subhūti），为舍卫城长者鸠留（Kuru）之子，号称解空第一；

6. 富楼那（Pūruṇa），为富楼那弥多罗尼子的简称，号称说法第一，生婆罗门家；

7. 迦旃延（Kātyāyana），号称论议第一，生婆罗门家；

8. 优波离（Upāli），号称持律第一，生首陀罗家；

9. 罗睺罗（Rahula），为佛陀之子，号称密行第一；

10. 阿难陀（Ananda），为佛陀从弟，号称多闻第一。

十人中，三人为佛陀亲属，五人生婆罗门家，一人生富商家，只有优波离一人出身于首陀罗，而且还以“持律”著称。这就说明在佛教僧团的上层分子中，出身于统治阶级的仍占绝对优势。以后这种趋势日益发展，及至大乘佛教时期，更对菩萨的出身做出了严格的规定：只有具备六十四种功德者，菩萨方生其家（《方广大庄严经》卷一）。其中，主要的有以下几点：

1. 国土宽广，种姓真正；

2. 不生杂姓；

3. 族高贵；

4. 凡是所用，要令群下先观试之；

5. 知行仪式；

6. 其家多男；

7. 有大眷属；

8. 有强眷属；

9. 无乱眷属；

10. 七珍具足；

11. 五谷丰盈；

12. 象马无数；

13. 多诸仆从；

14. 转轮王种。

显然，这些条件只有统治阶级才能具备，至于被统治阶级如欲成就菩萨，只能是一种空想。

据说佛陀在其父死后就又回到了摩揭陀，以后数十年间，他就往返于摩揭陀与毗舍离（Vaiśalī）、憍萨罗（Kōsala）之间传教。八十岁时，逝于毗舍离附近的波梨婆村（Beluva，《长阿含经》译为竹林丛，《泥洹经》译为竹芳邑）。

在佛陀致力于传教的过程中，佛教僧团内部曾发生过分裂，也曾多次和婆罗门教及其他各派哲学论战，并曾受到唯物主义者的批判和劳动人民的谴责。

佛教僧团内部有过两次分裂，一次发生于佛陀在憍萨罗城瞿师罗园（Choṣilārāma）的时候（《中阿含经》卷十七，《四分律》卷四十），另一次发生于佛陀返回王舍城的时候。后一次分裂涉

及摩揭陀的一次宫廷政变，故有稍加叙述的必要。

佛陀的从弟提婆达多（Devadatta）因对佛陀不满，曾三次企图暗杀佛陀未遂，便率五百弟子另立僧团，并怂恿频毗婆罗王之子阿阇世王（Ajāṭaśatru）弑其父自立。结果阿阇世王囚其父于七重室内饿死，遂篡王位。提婆达多乘机唆使阿阇世王杀死佛陀，未果。最后阿阇世王皈佛，提婆达多病死，于是一场争夺佛教领导权的斗争遂告结束（详见《五分律》卷三、《四分律》卷四一五、Cullavaga，VⅢ 2—4，《长阿含经》卷十七、《增一阿含经》卷四十七等）。

随着阶级斗争的发展，反宗教的斗争必然会不断地表现出来。这种情况在佛教文献中也常被歪曲地透露出来，例如瞿迦梨（Kokalika）、战遮（Cincā）、迦尸婆罗堕阇（Kaśībhāradvaja）、室利球多（Śrīgupta）等都曾激烈地反对过佛陀。其中，尤以迦尸婆罗堕阇为最著。

据说当佛陀居于王舍城附近的精舍时，当地噎迦那罗迦村（Ekanālaka）的迦尸婆罗堕阇正行耕祭，佛陀站在高处旁观，并引来了许多人围观。此时迦尸婆罗堕阇十分不快，于是就对围观的人们说：

“他（指佛陀）如能像我们农民这样劳动，就可成为世界之王。但他却无所事事，虚度时光，为了乞食又来到这个地方。”

接着，又指责佛陀说：

“我终年耕耘，才获得了粮食，取得了果实。沙门呵，你也应这样耕作，不也就有粮食了吗？”

佛陀答道：

“我也是终年耕耘，并获得了不朽的成果。”

迦尸婆罗堕阇看佛陀根本不像劳动者的模样，便又反问道：

“我没有看见你的锄头、驱逐野兽的器具和耕牛，你却说你是农民，那么你的耕具在哪里呢？”

佛陀又答：

“我的田地是法，我除去的野草是欲望，我的锄头是智慧，我收获的成果是涅槃。”（Sutta-nipāta，1.4.[The Secred Books of the East Vo1.X.p.11]）

自然，当时佛教最大的论敌依然是唯物主义的各派。在浩瀚的佛教文献中有关佛教与唯物主义各派论战的资料很多，但唯物主义的观点多被阉割或被简单地直斥之为邪见，从而难以探明双方论战的实际情况。只有在《长阿含经·弊宿经》中为我们提供了一些具体的情况，现将主要部分移录于下：

“尔时童女迦叶（Kumāra-kassapa）与五百比丘游行拘萨罗国，渐诣斯波醯（Selanyā）婆罗门村。时童女迦叶在斯波醯村北尸舍婆（Siṁsapā）林止。时有婆罗门名曰弊宿（Pāyāsi），止斯波醯村。此村丰乐，民人众多，树木繁茂。波斯匿王（Pasenadi）别封此村，弊宿以为梵分（Brahmadeyya）。弊宿婆罗门常怀异见，为人说言：无有他世，亦无更生，无善恶报。

“时斯波醯村人闻童女迦叶与五百比丘从拘萨罗国渐至此尸舍婆林，自相谓言：此童女迦叶有大名闻已得罗汉，耆旧长宿，多闻广博，聪明睿智，辩才应机，善于谈论。今得见者不亦善哉！时彼村人日日次第往诣迦叶。

“尔时弊宿在高楼上，见其村人队队相随，不知所趣，即问左右持盖者言：彼人何故群队相随？侍者答曰：我闻童女迦叶将五百比丘游拘萨国至尸舍婆林，又闻其人有大名称，已得罗汉。耆旧长宿，多闻广博，聪明睿智，辩才应机，善于谈论。彼诸人等，群队相随，欲诣迦叶共相见耳。时弊宿婆罗门即敕使者：汝速往语诸人：且住，当共俱行往与相见。所以者何？彼人愚惑，欺诳世间，说有他世，言有更生，言有善恶报，而实无他世，亦无更生，无善恶报。时使者受教已，即往语彼斯波醯村人言：婆罗门语：汝等且住，当共俱诣往与相见。村人答曰：善哉善哉，若能来者，与共俱行。使还寻白：彼人已往，可行者行。时婆罗门即下高楼，敕侍者严驾，与彼村人前后围绕，诣舍婆林。到已下车，步进诣迦叶所。问讯讫，一面坐。其彼村人、婆罗门、居士，有礼拜迦叶然后坐者，有问讯讫已而坐者，有自称已而坐者，有叉手已而坐者，有默而坐者。

“时弊宿婆罗门语童女迦叶言：今我欲有所问，宁有闲暇见听许不？迦叶报曰：随汝所问，闻已当知。婆罗门言：今我论者，无有他世，亦无更生，无罪福报。汝论如何？

“迦叶答曰：我今问汝，随汝意答。今上日月，为此世耶？为他世耶？为人为天耶？

“婆罗门答曰：日月是他世，非此世也。是天非人。

“迦叶答曰：以此可知，必有他世，亦有更生，有善恶报。

“婆罗门言：汝虽云有他世，有更生及善恶报。如我意者，皆悉无有。

“迦叶问曰：颇有因缘可知无有他世，无有更生，无善恶报耶？

“婆罗门答曰：有缘。

“迦叶问曰：以何因缘言无他世？

“婆罗门言：迦叶，我有亲族知识遇患因病，我往问言。诸沙门婆罗门各怀异见言：诸有杀生、盗窃、邪淫、两舌、恶口、妄言、绮语、贪取、嫉妒邪见者，身坏命终，皆入地狱。我初不信，所以然者，初未曾见死已来还说所堕处。若有人来说所堕处，我必信受。汝今是我所亲，十恶亦备，若如沙门语者，汝死必入大地狱中。今我相信从汝取定。若审有地狱者，汝当还来语我使知，然后当信。迦叶，彼命终已，至今不来。彼是我亲，不应欺我。许而不来，必无后世。

“迦叶报曰：诸有智者以譬喻得解，今当为汝引喻解之。譬如盗贼常怀奸诈，犯王禁法伺察所得。将诣王所白言：此人为贼，愿王治之。王即敕左右收系其人，遍令街巷然后载之出城付刑人者。时左右人即将彼贼付刑人者，彼贼以柔软语言语守卫者：汝可放我，见诸亲里言语辞别，然后当还。云何婆罗门，彼守卫者宁肯放不？

“婆罗门答曰：不可。

“迦叶又言：彼同人类俱存现世而犹不放，况妆所亲十恶具足，身死命终，必入地狱。狱鬼无慈，又非其类，死生异世，彼若以软言求于狱鬼：汝暂放我还到人间，见亲族语言辞别，然后当还。宁可放不？

“婆罗门答曰：不可。

“迦叶又言：以此相方，自足可知，何为守迷自生邪见耶？

“婆罗门言：汝虽引喻谓有他世，我犹言无。

“迦叶复言：汝颇更有余缘可知无他世耶？

“婆罗门报言：我更有余缘知无他世。

“迦叶问曰：以何缘知？

“答曰：迦叶，我有亲族遇患笃重，我往语言，诸沙门婆罗门各怀异见说他世，言不杀、不盗、不淫、不欺、不两舌、恶口、妄言、绮语、贪取、嫉妒邪见者，身坏命终，皆生天上。我初不信，所以然者，初未曾见死已来还，说所堕处。若有人来，说所堕处，我必信耳。今汝是我所亲，十善亦备，若如沙门语者，汝今命终必生天上。今我相信，从汝取定，若审有天报者，汝当必来语我使知，然后当信。迦叶，彼命终已，至今未来，彼是我亲，不应欺我。许而不来，必无他世。

“迦叶又言：诸有智者以譬喻得解，我当今复为汝说喻。譬如有人堕入深厕，身首没溺。王敕左右挽此人出，以竹为篦，三刮其身，澡豆净灰次如洗之。后以香汤沐浴其体，细末众香坌其身上，敕除发师净其须发。又敕左右重将洗沐。如是至三，洗以香汤，坌以香末，名衣上服，庄严其身。百味甘膳，以恣其口。将诣高堂，五欲娱乐。其人复能入于厕不？

“答曰：不能。彼处臭恶，何可还入？

“迦叶又言：诸天亦尔。此阎浮利地臭秽不净，诸天在上，去此百由旬，遥闻人臭，甚于厕溺。婆罗门，汝亲族知识十善具足，然必生天。五欲娱乐，快乐无极，宁当复肯还来入此阎浮厕不？”

“答曰：不也。

“迦叶又言：以此相方，自具可知，何为守迷自生邪见？

“婆罗门言：汝虽引喻言有他世，我犹言无。

“迦叶复言：汝颇有余缘可知无他世耶？

“婆罗门报言：我更有余缘知无他世。

“迦叶问曰：以何缘知？

“答曰：迦叶，我有亲族遇患笃重，我往语言，沙门婆罗门各怀异见说有后世。言不杀、不盗、不淫、不欺、不饮酒者，身坏命终，皆生忉利天上。我亦不信，所以然者，衩未曾见死已还来，说所堕处。若有人来，说所堕处，我必信耳。今汝是我所亲，五戒具足，身怀命终，必生忉利天上。令我相信，从汝取定。若审有天福者，汝当还来，语我使知，然后当信。迦叶，彼命终已，至今不来。彼是我亲，不应欺我。许而不来，必无他世。

“迦叶又言：此间百岁，正当忉利天上一日一夜耳。如是亦三十一日为一月，十二月为一岁。如是彼天寿千岁，云何婆罗门，汝亲族五戒具足，身坏命终，必生忉利天上。彼生天已作是念言：我初生此当二三日中娱乐游戏，然后来下报汝言者，宁得见不？

“答曰：不也。我死久矣，何由相见。

“婆罗门言：我不信也，谁来告汝有忉利天寿命如是？

“迦叶言：诸有智者以譬喻得解，我今更当为汝引喻。譬如有人从生而盲，不识五色青黄赤白粗细长短，亦不见日月、星象、丘陵、沟壑，有人问言：青黄赤白五色云何？盲人答曰：无有五色。如是粗细、长短、日月、星象、山陵、沟壑，皆言无有。云何婆罗门，彼盲人言是答不？

“答曰：不也。

“迦叶继言：婆罗门，汝亦如是。忉利天寿实有不虚，汝自不见便言其无。

“婆罗门言：汝虽言有，我犹不信。

“迦叶又言：汝复作何缘，而知其无？

“答曰：迦叶，我所封村人有作贼者，伺察所得，将诣我所，语我言：此人为贼，唯愿治之。我答言：收缚此人著大釜中，韦益厚泥，使其牢密，勿令有泄。遣人围绕以火煮之。我时欲观知其精神所出之处，将诸侍从围釜而观，都不见其神来去处。又发釜看，亦不见神有往来之处。以此缘故知无他世。

“迦叶又言：我今问汝，若能答者随意报之。婆罗门，汝在高楼息寝卧时，颇曾梦见山林、江河、园观、浴池、国邑、街巷不？

“答曰：梦见。

“又问婆罗门：汝当梦时，居家眷属侍卫汝不？

“答曰：侍卫。

“又问婆罗门：汝诸眷属见汝识神有出入不？

“答曰：不见。

“迦叶又言：汝今生存识神出入尚不可见，况于死者乎？汝不可以目前现事观于众生。婆罗门，有比丘初夜、后夜捐除睡眠，精神不懈，专念道品，以三昧力修净天眼。以天眼力观于众生，死此生彼，从彼生此，寿命长短，颜色好丑，随行受报，善恶之趣，皆悉知见。汝不可以秽浊肉眼不能彻见众生所趣便言无也。婆罗门，以此可知，必有他世。

“婆罗门言：汝虽引喻说有他世，知我所见犹无有也。

“迦叶又言：汝颇有因缘知无他世耶？

“婆罗门言：有。

“迦叶言：以何缘知？

“婆罗门言：我所封村有人作贼者，伺察所得，将诣我所，语我言：此人为贼，唯愿治之。我敕左右收缚此人。生剥其皮，求其识神，而都不见。又敕左右，脔割其肉，以求识神，又复不见。又敕左右截其筋脉骨间求神，又复不见。迦叶，我以此缘，知无他世。

“迦叶复言：诸有智者以譬喻得解，我今复当为汝引喻。乃往过去久远世时，有一国坏，荒毁未复。时有商贾五百乘车经过其土，有一梵志奉事火神，常止一林。时诸商人皆往投宿，清旦别去。时事火梵志作是念言：向诸商人宿此林中，今者已去，倘有遗漏，可试往看。寻诣彼所，都无所见。唯有小儿始年一岁，独在彼坐。梵志复念：我今何忍见此小儿于我前死？今者宁可将此小儿至吾所止养活之耶？即抱小儿往所住处而养育之。其儿转大至十余岁，时此梵志以少因缘，欲游人间，语小儿曰：我有少缘，欲暂出行，汝善守护此火，慎勿使灭。若火灭者，当以钻钻木取火燃之，具诫敕已，出林游行。梵志去后，小儿贪戏，不数视火，火遂便灭。小儿戏还，见火已灭，懊恼而言：我所为非。我父去时，具约敕我，守护此火，慎勿令灭，而我贪戏，致使火灭，当如之何？彼时小儿吹灰求火，不能得已。便以斧劈薪求火，复不能得。又复斩薪置于臼中捣以求火，又不能得。尔时梵志于人间还，诣彼林所，问小儿曰：吾先敕汝使守护火，火不灭耶？小儿对曰：我向出戏，不时护视，火今已灭。复问小儿：汝以何方便更求火耶？小儿报曰：火出于木，我以斧破木求火不得火，复斩之令碎置臼中，杵捣求火复不能得。时彼梵志以钻钻木出火，积薪而燃。告小儿曰：夫欲求火，法应如此，不应破析杵碎而求。婆罗门，汝亦如是，无有方便，皮剥死人而求识神。汝不可以目前现事观于众生。婆罗门，有比丘初夜、后夜捐除睡眠，精进不懈，专念道品。以三昧力修净天眼，以天眼力观于众生。死此生彼，从彼生此，寿命长短，颜色好丑，随行受报，善恶之趣，皆悉知见。汝不可以秽浊肉眼不能彻见众生所趣，便言无也。婆罗门，以此可知，必有他世。

“婆罗门言：汝虽引喻说有他世，如我所见，犹无有也。

“迦叶复言：汝颇更有因缘，知无他世耶？

“婆罗门言：有。

“迦叶言：以何缘知？

“婆罗门言：我所封村人有作贼者，伺察所得，将诣我所，语我言：此人为贼，唯愿治之。我敕左右将此人以称称之，侍者受命，即以称称。又告侍者：汝将此人安徐杀之，勿损皮肉。即受我教，杀之无损。我复敕左右，更重称之，乃重于本。迦叶，生称彼人，识神犹在，颜色悦豫，犹能言语，其身乃轻。死已重称，识神已灭，无有颜色，不能言语，其身更重。我以此缘，知无他世。

“迦叶语婆罗门：吾今问汝，随意答我。如人称铁，先冷称已，然后热称。何有光采柔软而轻？何无光采坚鞕而重？

“婆罗门言：熟铁有色，柔软而轻；冷铁无色，刚强而重。

“迦叶语言：人亦如是。生有颜色柔软而轻，死无颜色刚强而重。以此可知，必有他世。

“婆罗门言：汝虽引喻说有他世，如我所见，必无有也。

“迦叶言：汝复有何缘知无他世？

“婆罗门答言：我有亲族遇患笃重，时我到彼语言：扶此病人，令右胁卧，视瞻屈伸，言语如常。又使左卧，反复宛转，屈伸视瞻，言事如常，寻复命终。吾复使人扶转，左卧右卧，反复谛观，不复屈伸、视瞻、言语。吾以是知必无他世。

“迦叶复言：诸有智者以譬喻得解，今当为汝引喻。昔有一国，不闻贝声。时有一人，善能吹贝。往到彼国，入一村中。执贝三吹，然后置地。时村人男女，闻声惊动，皆就往问：此是何声？哀和清彻乃如是耶？彼人指贝曰：此物声也。时彼村人以手触贝曰：汝可作声，汝可作声，贝都不鸣。其主即取贝三吹置地。时村人言：向者美声非是贝力，有手有口有气吹之，然后乃鸣。人亦如是。有寿有识有息出入，则能屈伸、视瞻、语言，无寿无识无出入息，则无屈伸、视瞻、语言。又语婆罗门：汝今宜舍此恶邪见，勿为长夜自增苦恼。

“婆罗门言：我不能舍。所以然者，我自生来长夜讽诵，玩习坚固，何可舍耶？

“迦叶复言：诸有智者以譬喻得解，我今当更为汝引喻。乃往久远有一国土，其土边疆人民荒壤。彼国有二人，一智一愚，自相谓言：我是汝亲，共汝出城，采侣求财。即寻相随，诣一空聚。见地有麻，即语愚者共取持归。时彼二人各取一担。复过前村见有麻缕，其一智者言：麻缕成功，轻细可取。其一人言：我已取麻，系缚牢固，不能舍也。其一智者，即取麻缕重担而去。复共前进，见有麻布。其一智者言：麻布成功，轻细可取。彼一人言：我已取麻，系缚牢固，不能复舍。其一智者即舍麻缕，取布自重。复共前行，见有劫贝。其一智者言：劫贝价贵，轻细可取。彼一人言：我已取麻，系缚牢固，赍来道远，不能舍也。时一智者即舍麻布而取劫贝。如是前行，见劫贝缕，次见白叠，次见白铜，次见白银，次见黄金。其一智者言：若无金者当取白银，若无白银当取白铜乃至麻缕，若无麻缕当取麻耳。今者此村大有黄金集宝之上，汝宜舍麻，共取黄金，自重而归。彼一人言：我取此麻，系缚牢固，赍来道远，不能舍也。汝欲取者，自随汝意。其一智者舍银取金，重担而归。其家亲族遥见彼人大得金宝，欢喜奉迎，时得金者见亲族迎，复大欢喜。其无智人负麻而归，居家亲族见之不悦亦不起迎，其负麻者倍增忧愧。婆罗门，汝今宜舍恶习邪见，勿为长夜自增苦恼，如负麻人执意坚固，不取金宝，负麻而归，空自疲劳，亲族不悦，长夜贫穷，自增忧苦也。

"婆罗门言：我终不能舍此见也。所以者何？我以此见多所教授，多所饶益，四方诸王，皆闻我名，亦尽知我是断灭学者。

"迦叶复言：诸有智者以譬喻得解，我今当更为汝引喻。乃往久远，有一国土，其土边疆，人民荒坏。时有商人有千乘车经过其土，水谷薪草，不自供足。时商主念言：我等伴多，水谷薪草，不自供足，今者宁可分为二分，其一分者于前发引。其前发导师见有一人，身体粗大，目赤面黑，泥涂其身，遥见远来，即问：汝从何来？报言：我从前村来。又问彼言：汝所来处，多有水谷薪草不耶？其人报言：我所来处，丰有水谷，薪草不乏。我于中路逢天暴雨，其处多水，亦丰薪草。又语商主：汝曹车上，若有谷草，尽可捐弃，彼自丰有，不须重车。时彼商主语众商言：吾向前行，见有一人……汝等宜各弃诸谷草，轻车速进。即如其言，各共捐弃谷草，轻车速进。如是一日不见水草，二日三日乃至七日，又复不见。时商人穷于旷泽，为鬼所食。其后一部次复进路，商主时前复见一人，目赤面黑，泥涂其身，遥见问言：汝从何来？……又语商主：君等车上，若有谷草，尽可捐弃……时商主还，语诸商人……汝等谷草，慎勿捐弃，须得新者，然后捐弃。所以者何？新陈相接，然后当得度此旷野。时彼商人重车而行，如是一日不见水草，二日三日至于七日，又亦不见。但见前人为鬼所食骸骨狼藉。婆罗门，彼赤眼黑面者是罗刹鬼也。诸有受汝教者，长夜受苦，亦当如彼前部商人无智慧故随导师语，自没其身。婆罗门，诸有沙门婆罗门，精进智慧，有所言说，承用其教者，则长夜获安。如彼后部商人有智慧故得免危难。婆罗门，汝今宁可舍此恶见，勿为长夜自增苦恼。

"婆罗门言：我终不能舍所见也。设有人来强谏我者，生我忿耳。终不舍见。"

这篇珍贵的资料，不仅为我们提供了双方辩论的具体内容，而且使我们能够清楚地看到双方论战的方法及其各自鲜明的立场。

弊宿说："无有他世，亦无更生，无罪福报。"这是鲜明的唯物主义。

迦叶说："有他世，有更生及罪福报。"这是鲜明的宗教唯心主义。

弊宿毫不含糊地针对宗教神学的要害，直接宣布彼岸世界的存在是荒谬的。这就从根本上否定了佛教，否定了佛教的最高理想和最终目的——涅槃。

当然，有他世、更生及罪福报，是佛陀学说形成宗教和完整的神学体系的必要内容。因为不承认彼岸世界的存在以及通向彼岸世界的桥梁——现世善行与自我的精神修养，就会失掉对被压迫生灵的诱惑力。作为佛教的代表，迦叶在论战中所采用的论证方法只不过是毫无实际论据的神学诡辩。她以为她的神学体系是不容置疑的，从而她就以简单的神学逻辑代替了严谨的科学论证。她的神学推理也和其他一切宗教一样，实际上是无法证明的。对宗教来说，神是不需要证明的，但这也正好说明，神是无法证明的。正因为如此，神学就成为哲学诡辩论的最后避难所。

神学虽然狡谲，但却被弊宿的感觉论所粉碎了。

“Was der Verstand der Verstaend’gen nicht sieht

Das fühlet mit Händen ein sinnlich gemüth。”

[智者的智慧所看不见的，感情的意识可以双手触知。]

(见《费尔巴哈哲学著作选集》，中文版，上卷，207页。)

经过对佛陀传记的初步研究与分析，使我们对佛教产生的阶级根源与思想根源有了一个基本的认识；同时，也使我们进一步认识到：宗教这种意识形态虽然远离社会的经济基础，并被宗教家及其狂热的信徒不断地以虚伪的或虔诚的感情编造出许多神话所粉饰，一次又一次地用幻想的灵光来装潢它，使人们眼花缭乱，望而生畏，但宗教毕竟是社会的产物，总可以用历史唯物主义揭示出它的发展演变的规律及其阶级实质。佛教自然也不会例外。在奴隶制时代，当新的统治集团兴起以后，必然需要有一套新的上层建筑及与之相适应的诸意识形态，其中就包括宗教。如果旧的宗教可以利用，则经过一番改造后充分加以利用；如果旧的宗教不能利用，则要求创立一种新的宗教，以充分体现新的统治集团的利益与要求。在印度，当婆罗门教的神权统治着整个社会的时期，王权只是婆罗门教的附庸，以后随着生产力的发展和王权的加强，王权开始与神权抗衡，从而形成了刹帝利与婆罗门之间的尖锐对立。当统一的国家出现以后，王权空前强大。这时王权既已使婆罗门教处于它的支配之下，于是便又和婆罗门教妥协，反映在政治上就是刹帝利和婆罗门之间缔结了新的联盟。但是婆罗门教却不能完全适应强大王权的需要，因之它需要有一种新的宗教来维护它的尊严与利益。适应这种情况，一种新的宗教产生了，这就是佛教。

佛教在本质上是刹帝利的宗教，但它的全部教义及其庞大的体系中却汲取了它以前及其同时的许多宗教及哲学学派的思想材料，其中尤以数论派与耆那教的影响为最大。姑且不论以后在长期的发展中它的教义发生了多大的变化，它的体系如何日益精密，但它的实质却未改变。佛教始终是统治阶级的宗教。

在佛陀逝世以后，随着对他的不断神化，加给他的尊称也愈来愈多，特别是大乘佛教兴起以后，几乎把世间一切最高贵、最神圣、最美好的名称都加在了他的头上。通常最常见的尊称有以下一些：

1. 佛陀（Buddha），意为觉者。原为摆脱一切世间系缚，到达涅槃境地者。最初并非佛教创始人的专名，以后随着佛教的发展，才逐渐成为悉达多的专称。

2. 如来（Tathāgata），《大智度论》卷二云：“如何名多陀阿迦陀？如法相解，如法相说，如诸佛，安稳道来，佛亦如是来，更不去至后有中，是故名多陀阿迦陀。”但亦有人把“如来”解释为没有错误的人。

3. 释迦牟尼，《本行集经》卷二十云：“菩萨行路，谛说徐行。有人借问，默然不答。彼等人民，各相语言：此仙人者，必释种子，因此得名释迦牟尼。”

4. 释迦如来（Śākya-tathāgata），即释迦族的如来。

5. 释迦师子（Śākya-siṃha），即释迦族之俊杰。师（狮）子为百兽之王，佛陀为人中之王，故称释迦师子。

6. 萨婆若（Sarvajña），意为一切智。

7. 萨婆若提婆（Sarvajña-deva），意为一切智神。

8. 世尊（Bhagavat），或音译为婆伽婆。《大智度论》卷二云："天竺语婆伽，秦言德，婆言有，是名有德。" Bhagavat 一词在吠陀文献和史诗中原为学生对老师的尊称，即尊师。在婆罗门教中一般又把此词作为神的同义词。佛教借用此词专指佛陀，以后随着佛陀的进一步神化，则愈具有浓厚的宗教信仰的含义。见《俱舍论》卷三；《长阿含经》卷二；MPS.1.2; MPS.S.102.《观音经》；SaddhP.p.362、363. 此外，在汉译佛典中又把其他印度名词也译为世尊，如巴利语 bhante（释尊），见《别译杂阿含经》卷七；SM. IV，p.317. 梵语 sugata，见《法华经》㊅9，3 页（西域本），梵语 buddha，见《百五十赞》114、117 颂。梵语 śāstṛ，lokanātha，muni，mahamuni，cittasārathi，tribhava-Īsvara，皆见《中论》及 Laṅk。梵语 narendra，见 Laṅk. 梵语 loka-jyeṣṭha，见 Mvyut. 13.《无量寿经》、《灌顶经》等。

在《方广大庄严经》卷十一中，佛陀的尊称除重复者外，竟多达二百七十种。如：

1. 佛	5. 导师	9. 法自在
2. 正遍如	6. 大导师	10. 转法
3. 自然悟	7. 商主	11. 法施主
4. 法王	8. 自在	12. 大施主

13. 善行周满
14. 喜乐满足
15. 说者
16. 作者
17. 安慰者
18. 安稳者
19. 战胜
20. 作光
21. 破暗
22. 持灯
23. 大医王
24. 疗世间
25. 拔毒刺
26. 离障智
27. 普观见
28. 普观察
29. 普眼
30. 普贤
31. 普光
32. 普门
33. 满严
34. 无所著
35. 平等
36. 不动
37. 最尊
38. 无见顶
39. 明灯
40. 大海
41. 宝所
42. 无染
43. 不退转
44. 如风
45. 如火
46. 如水
47. 如空
48. 住无障智
49. 遍一切法界
50. 最胜人
51. 无量智
52. 演说世间师
53. 制多
55. 出世间
55. 不染世法
56. 世间胜
57. 世间自在
58. 世间大
59. 世间依止
60. 到世间彼岸
61. 世间灯
62. 世间上
63. 世间尊
64. 利益世间
65. 随顺世间
66. 一切世间了知
67. 世间主
68. 世间应供
69. 大福田
70. 最上
71. 无等等
72. 无比
73. 常正实
74. 一切法平等住
75. 得道
76. 示道者
77. 说道者
78. 超过魔境
79. 能摧伏魔
80. 出生死获得清凉
81. 离无明黑暗
82. 无疑惑
83. 离烦恼
84. 离希求

85. 除诸见惑
86. 解脱
87. 清净
88. 离贪
89. 离瞋
90. 离痴
91. 尽漏
92. 心净解脱
93. 智净解脱
94. 宿命智
95. 大龙
96. 所作已办
97. 离重担
98. 逮得已利
99. 远离生死结缚
100. 正智心善解脱
101. 善到一切心自在彼岸
102. 到施彼岸
103. 到戒彼岸
104. 到忍彼岸
105. 到精进彼岸
106. 到禅定彼岸
107. 到智慧彼岸
108. 愿成就
109. 住大慈
110. 住大悲
111. 住大喜
112. 住大舍
113. 精勤摄众生
114. 得无碍辩
115. 与世间作大依止
116. 大智
117. 念慧行觉成就
118. 得正念正断正神足通五根五力菩提分法奢摩他毗钵舍那
119. 渡生死大海
120. 住彼岸
121. 住寂静
122. 得安稳处
123. 得无畏处
124. 摧伏烦恼魔
125. 丈夫师子
126. 离毛竖怖畏
127. 无垢
128. 知者
129. 得三明
130. 度四河
131. 刹利
132. 婆罗门
133. 比丘
134. 沙门
135. 清净者
136. 大力者
137. 婆伽婆
138. 王中之王
139. 转胜法轮
140. 利益众生
141. 不变坏说法
142. 受一切智位
143. 成就七菩提宝
144. 得一切法宝境界
145. 众会瞻仰
146. 能调伏未调伏者
147. 善能与诸菩萨受记
148. 得七净财
149. 成办一切乐
150. 随一切意悉舍
151. 与一切众生安乐

152. 舍金刚胜智
153. 普遍眼
154. 见一切法无障碍
155. 普智作大神通
156. 演大法
157. 一切世间无有厌足
158. 光大清净
159. 一切世间清净者
160. 知众生器
161. 大严
162. 有学无学围绕
163. 普照
164. 大幢王
165. 遍光明
166. 大光普照
167. 无杂对诸问难
168. 无分别
169. 光明遍照
170. 甚深难知难见难解般若波罗蜜多光明场
171. 大梵
172. 寂静威仪
173. 成就一切胜行
174. 持妙色
175. 见无厌足
176. 诸根寂静
177. 资粮圆满
178. 得调柔
179. 得胜调柔寂静
180. 诸根调伏藏
181. 如驯象王
182. 如清净地
183. 永断一切习气障
184. 最上妙色无上
185. 四无畏
186. 天人师
187. 身口意业无讥嫌
188. 空住
189. 无相住
190. 无愿住
191. 无功用行
192. 如语不虚妄语不异语
193. 舍阿兰若
194. 行步不空过
195. 法城
196. 见闻皆益
197. 出淤泥
198. 摧魔幢
199. 建智幢
200. 出过一切世间无边功德宝
201. 大树
202. 优昙花
203. 摩尼珠王
204. 手足纲鞔
205. 足下有千辐轮众相庄严
206. 手足长
207. 手足柔软
208. 足下安平
209. 身毛右旋及以上靡
210. 蹲如伊尼鹿王
211. 阴藏隐密
212. 臂膞长
213. 身如尼拘陀树
214. 身体柔泽
215. 真金色
216. 一一毛孔一一

毛生皆悉光泽分明显现
217. 七处高
218. 身上分如师子
219. 踝骨不现
220. 两肩平满
221. 师子颔
222. 具四十齿
223. 齿不疏缺
224. 齿白齐密
225. 于诸法中得最上位
226. 梵音声
227. 眼青绀色
228. 眼睫如牛王
229. 舌广大
230. 肉髻无能见顶
231. 眉间白毫右旋清净光明
232. 得大势力
233. 成就那罗延力
234. 成就如来无畏愿力
235. 说法不错乱
236. 觉悟无言说
237. 愿务能令一切众生随类各解
238. 无失念
239. 无异想
240. 如实了知诸众生心
241. 非择灭舍
242. 欲行三昧不断
243. 精进不退
244. 念不退
245. 智不退
246. 解脱不退
247. 从智出一切身语业随智慧行
248. 过现未来智障无碍
249. 得无碍解脱
250. 善入众生之行
251. 如应说法
252. 善能超过一切音声相彼岸
253. 善对答一切异类音声
254. 迦陵频伽声
255. 天鼓声
256. 天乐声
257. 地大振动声
258. 随诸众生类声
259. 大海王声
260. 大龙王声
261. 大云声
262. 无著无碍令诸众令生欢喜心
263. 梵释天王之所供养
264. 阿修罗紧那罗摩睺罗伽欢喜心瞻仰目不暂舍
265. 声闻众之所承事
266. 菩萨众之所恭敬赞歌
267. 无希求说法
268. 说一字句皆不唐捐
269. 说法以时
270. 勇猛者

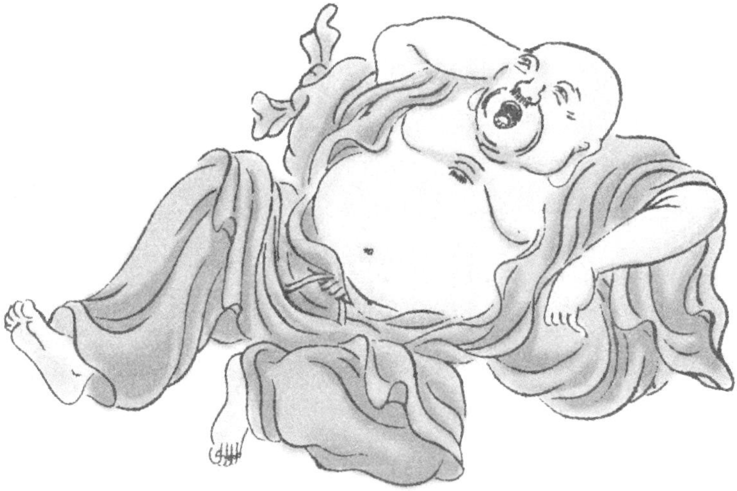

【经文】

以实①无有法，得阿耨多罗三藐三菩提，是故然灯佛与我授记，作是言：汝于来世，当得作佛，号释迦牟尼。何以故？如来者，即诸法如义。

若有人言如来得阿耨多罗三藐三菩提，须菩提，实无有法，佛得阿耨多罗三藐三菩提。

须菩提，如来所得阿耨多罗三藐三菩提，于是中无实无虚②。

【注释】

①实：真实。梵语为 satya，见《法华经·寿量品》。梵语又为 bhūta，见《法华经·寿量品》；SaddhP.p.278；《法华经·安乐行品》；SaddhP.p.239.avamdhya，见 MSA. 此外，尚有以下几种含义：

1. 真理，梵语为 tattva，见《中论》；MAV;MSA.

2. 真实的，梵语为 tathya，见《中论》。梵语又作 tathā，见 MAV.

3. 实在，实在之物。梵语为 bhūta，见《中论》及《法华经·寿量品》。

4. 实体，梵语为 dravya，dravya-dharma，见《俱舍论》卷四；AKV.p.148.dravyatva，dravya-sat，见 MSA.

5. 具有实体性，见《俱舍论》卷二。梵语为 dravyavat，见 AK. 1, 38.

6. 在胜论派哲学中，dravya 一词意为实体，相当于英语中的 substance，即抽掉一切属性的实体。《胜论经》云："业（Karma）和德（guṇa）之和合因缘（samavāyi-kāraṇa），即为实之特相。"

(Vaiśeṣika-sūtra，1，1，15）这句话的意思即“实体系业（作用）和德（性质）的主体”。这就是说业和德必须依赖实体而存在，实体决定了业和德。

②虚：虚妄，梵语为 mṛṣā，参见《俱舍论》卷三十。

【经文】

是故如来说一切法，皆是佛法[①]。

【注释】

①佛法：佛陀所悟知的真理（法），佛陀的教法或教导。梵语为 buddha-dharma，见《大智度论》卷二㊅25，66页；Laṅk. pravacana，见 Laṅk. MAV. buddha-śasana，见《中论》。此外，佛法还有以下两种含义：

1. 佛陀的美德，构成佛陀体态的各种因素及佛之特性。梵语为 jina-vaṃśa，见《八十华严》卷七十㊅10. 379页；《四十华严》卷十九㊅10，749; Ga ṇḍavyūha p.266.buddha-dharma，见《胜鬘经》㊅12. 221页；RGV.p.12；《维摩经》㊅14，549页。buddha-dharmāḥ，见《宝性论》卷四㊅31，840页；RGV.p.76；支谦译《维摩经》㊅14，529页；《无垢称经》㊅14，575页。

2. 成佛的材料，六度。梵语亦为 buddha-dharma，见《正法华》卷一㊅9，64页；SaddhP.p.7.“诸佛法”（buddha-anuś āsana），见《中论》。

【经文】

须菩提，所言一切法者，即非一切法，是故名一切法。

须菩提，譬如人身长大。须菩提言：世尊，如来说人身长大，即为非大身[①]，是名大身。

【注释】

①大身：一般有两种含义：

1. 与丈六的小身相对，为遍满虚空的佛之大化身。见《观无量寿经·杂想观》。

2. 指遍满一切处之大法身。

【经文】

须菩提，菩萨亦如是。若作是言：我当灭度无量众生，即不名菩萨。

何以故？须菩提，实无有法，名为菩萨。

是故佛说一切法，无我[①]，无人[②]，无众生，无寿者。

【注释】

①无我：早期佛教从它的无常论出发，产生了无我论。根据无常论，宇宙间的一切事物皆瞬息生灭，无一常住，则必然否定任何永恒实体的存在，那么神或固定的作为灵魂的“我”当然也不会存在。这就是无我。

早期佛教的无我论，在反对当时婆罗门教的有我论方面，曾起过巨大的作用。因之，在说明佛教无我论之前，必须对佛教产生之前以及与佛教产生同时，各派宗教哲学关于“我”的学说有一个简略的说明。

早在《梨俱吠陀》时期，就有“我”这一个词了。虽然那时这词的意义还不很确定，它经常和“呼吸”（prāṇa）、“生气”（asu）、“灵魂”（manas）等词相互代用，以致很难看出它们之间的差别。但是在作为人的独立的心灵实体这一点上则是共同的，也是可以确定的。《梨俱吠陀》中说它住于心脏（hṛd）之内，气息虽极微弱，但行动却极迅速。（RV. Ⅷ .100，5）同时又说人在死后其尸体须与野羊（aja）一同火葬，以便使其亡灵能乘普善（pūṣan）之车走向来世。（RV.X.16，3—4）以后，在《阿闼婆吠陀》时期，又产生了灵魂长有翅膀的说法。（AV. Ⅵ .18，3）这些都充分说明了灵魂不死的观念和葬仪之间的关系以及人类思想观念产生的共同规律。

到了《奥义书》时期，才第一次把哲学带进了《吠陀》神学，从而形成了婆罗门教。

关于《奥义书》的内容，多伊森认为：“《奥义书》讨论的主题，即梵和自我的学说。”（P.Denssen，Outlines of Indian Philosophy，with an Appendix on the Philosophy of the Vedānta，Berlin，1907，p.22）这话有些夸张。实际上，《奥义书》中包含着许多不同派别的学说。（B.Barua，A History of Pre-Byddhisitc Indian Philosophy，Culcutta，1921，p. 51—187）虽然如此，但“梵我同一论”（Brahma-ātma-aikyam）毕竟是《奥义书》的主要内容。

所谓“梵我同一论”，即把梵认为是唯一的本质，第一性的实在。自我（灵魂）是梵的一部分或梵的化身。由于梵和自我的这种关系，从而又把梵称为“大我”，而把自我称为“小我”。

这种把非人格的宇宙精神和自我灵魂的同一作为中心思想的学说，自然就把物质世界当作梵所流出的了。这是印度一切唯心主义学说的基础，自然也是以后婆罗门教各派哲学的基础。

如何才能认识这种宇宙间唯一的本质——梵呢？《奥义书》认为，只有通过自我（ātman）才能认识。这就是说，对自我的认识就是对梵的认识。但是对自我的认识，又必须摆脱一切肉体经验的束缚和情欲以及物质的影响。换句话说，必须从物质世界的影响中解脱出来才能认识自我的本质，并进而认识宇宙的本质——梵。因之，《奥义书》的这种“梵我同一论”实际上是一种主观主义的自我论。

从客中理论出发，结合“轮回论”（saṃsāra），婆罗门教提出，只有婆罗门死后才可以达到梵我一致的境界，而常人死后其灵魂则转入月球，并视其生前行为的善恶转生为草木、人或猪狗。可见，婆罗门教实际上是典型的神——婆罗门一体论。

耆那教主张生命与灵魂为同一体，并主张人与万物都有灵魂。灵魂与肉体既有区别，也无区别。灵魂是无所不知的，并具有向上性（ūrdhvagati），但由于受到物质的束缚与污染使其本性被掩盖。只有在灵魂摆脱了物质的束缚与污染时才能显现出其本性的光彩，这就是解脱。

邪命外道（Ājīvika，Ājīvaka）认为灵魂存在于地、水、火、风等元素中，也存在于动植物中。灵魂为八角形或球形，呈蓝色。

胜论派认为世界上的一切都是由异质的原子所组成，这些原子是包含在空（ākāśa）、时（kāla）、方（diś）中的地（pṛthivī）、水（ap）、火（tejas）、风（vāyu）中的微粒。原子彼此相异，而且是永恒的，它们既不能被创造，也不能被消灭。但由原子组成的客体则是暂时的，变化无常的。关于“我”，他们认为是一种实体（dravya），《胜论经》主张：

“呼吸、瞬目、生命、意之运动、感官的变化、快感、不快感、欲望、嫌恶、勤勇（意志活动）等皆为我存在的征相。”其原文为：

Prāṇa-apāna-nimeśa-unmeśa-jivana-manogati-indriya-antaravikārāḥ sukha-duḥkha-icchā-dveṣa-prayatna śca，ātmano Iiṅgāni

（Vaiśeṣika-sūtra，3，2，4.）

可见他们把呼吸、生命等生理现象和喜怒哀乐等心理现象都当作“我”（灵魂）存在的证据，并认为我是心理现象的主体，其特征是能产生认识。我和各种心理现象之间的关系是密切联系而不可分割的，离开我则不会有各种心理现象。我与各种心理现象间的关系称为“和合因缘”（samavāyi-kāra-ṇa），从这种关系中就能产生认识。

胜论派认为我是常住而遍在的，而且是有执受的，因而他们的我论被称为有执受说（Kriyāvāda）。尽管如此，他们的我论仍和正统婆罗门教的“梵我同一论”之间有一定的差别。他们的“我”是与客观物质世界相对立的主观精神世界的主体，是反映（认识）客观世界的精神实体。它的基础是原子论，因而它的认识论颇接近于唯物主义的反映论。这点也可由他们对“意”的唯物主义的解释中得到证明。他们认为，意非精神的存在，而是由原子构成的有触体（sparśavat），亦即无知觉的物质实体（Vaiśeṣika-sūtra，7.1，23）。窥基又谓意大如芥子，每人身上只有一个，并以极快的速度在全身运动,哪里有感觉就到哪里。似乎意是“我”的使者。

顺世派(Lokāyata)是印度古代唯物主义学派的主要代表,他们坚决否认神和灵魂的存在。他们从“生命来自物质”这一唯物主义的基本命题出发,认为世界是由地、水、火、风四种元素组成,这四种元素的物质粒子组成一切生命。因之世界上的一切皆自然而生,自然而灭。这即是所谓“无因论”(ahetuvāda)或“无因无缘论”(ahetu-apaccaya-vāda)。对此,商羯罗(Śaṅkara)曾说:

“人只不过是有意识的肉体而已。因此,顺世派认为,脱离肉体并能升天或解脱的灵魂是不存在的。”(Śārīraka-mimāmsā-sūtra-bhāṣya,3,3,53)

从摩陀婆(Mādhava-ācārya)在他的《一切见集》(Sarva-derśana-saṅgraha)中把顺世派列为各派哲学之首就可看出顺世派在各派哲学中的重要地位了。在该书中,他还对顺世派的学说做了概括的介绍:

“既没有神,也没有解脱,更没有灵魂飞往另一世界的可能。四种姓及各宗教的一切行为都不会产生任何真实的结果。祭祀火神与信仰三吠陀和苦行者之三杖、以灰涂身等都是无知和怯懦的表现,他们这样做只不过是一种谋生的手段而已。如果供献牺牲、举行祭祀可以使死者升天,那么祭者为什么不把他的父亲作为牺牲献给神灵呢?……当人活着的时候就应该享乐,为此虽负债亦在所不惜。当肉体变成灰以后就再也不能欢乐了。如果人死后当真能到另一世界,那么他为什么不回来探视他所眷恋的亲友呢?所以婆罗门所设的祭礼只不过是他们谋生的手段,实际上并没有什么报应。吠陀的三个作者是小丑、骗子和魔鬼。”(The sacred

Books of the East，Vol.XXXIII，p.269）

早期数论派，实际上是唯物主义的一个分支，它的自性发展学说本身就排斥了任何神学的容身之地。至于以后出现的《数论颂》（Sāinkhya-kārikā）和更晚编成的《数论经》（Sāinkhya-sūtra）所描述的自性、神我二元论和二十五谛说，则是经过婆罗门教的篡改并被纳入婆罗门教神学体系的晚期数论派，它和早期数论派的学说已经不同了。虽然如此，但在二十五谛的体系中，神我一谛显然也是被生硬地安排进去了，它和自性三德的发展学说仍然是无法调和的。

早期佛教对婆罗门教与唯物主义各派关于“我”的学说都采取了排斥的态度。它既反对婆罗门教的有我论，也反对唯物主义彻底的无我论。以后随着佛教发展，它的无我论也发生了变化。因之，我们必须从原始佛教及其经典中有关无我论的论述谈起。

“无我”一词在巴利原典中为 anattan（主格为 anatta），它既可作为名词使用，也可作为述语使用。自古以来它就有“无我”和“非我”二议。（见 Pāli Text society，Pāli-English Dictionary，anattā 条）但在我国汉泽和藏译中仍以“无我”为主。在梵语中，anātma，anātmaka，nirātman，nirātmika 皆表示“无我”，而作为明确的抽象名词则为 nairātmya，nirātmabhāva 等。此外，尚有 amama，nirmama 等亦皆明确表示“不存在阿特曼”。商羯罗称佛教主张“无我说”（nairātmyavāda），可见印度哲学史都把“无我论”作为佛教的主要特征。

在佛典中，除 ātmam 一词外还有 jīva，vedagu，pudgala（puggala），sattva（satta）等词皆表示“我”。在阿毗达摩哲学中

有时还使用 saṃtana（相续）一词。

在《无我相经》(Anattalakkhaṇasutta) 中，集中论述了佛陀的无我论。经中指出，人们如能认识无我，就能远离五阴（蕴），绝灭贪欲，获得解脱。一切痛苦皆来源于“我”之谬见，从而必须首先除此谬见，领悟“无我”教义，破斥婆罗门教的有我论。

巴利《长部》的《摩词因缘经》中驳斥了三种有我论，在《相应部》中又从各方面论证了无我论，如：

“色、相、行、识皆借因缘而生，如何能有我呢？”(Sainyuttanikāyo，11.p.24)

“此形（bimla）非自作，亦非他作，皆因缘而生，因缘灭则灭。”(同上，1.P.134)

“并没有所谓‘人'，而只有诸行之集合（suddha sanbharapumja)。正如‘车'不过是各种部件集合而成的一种名称，‘人’不过是由五蕴而成的一种名称。”(同上，1.p.135)

因主张无我，从而也排斥我所。如对于完成修行的人(tathāgata) 明确要求：“离贪欲，不执着我所，无任何希求。”(vitalobho amamo uirāso，Sn 469)“持善誓者不执着于我所。”(amamā caranit，Sn. 495)

佛陀认为，以“智慧观”方可认识一切皆流的道理，摆脱“我”和“我所”的谬见，达到涅槃的境界。可见无常、无我和涅槃寂静三者是密切联系而不可分割的。

《长老偈》(Theragātha) 中论述无我论的地方也很多，如：

“众生皆追求自己肉体之乐。”(sakkāyabiratapajā，Theragtha，766)

“愚昧的凡夫皆把肉体当作我之所有。”(yémaṃ kāyaṃ mamāyanti，同上，575)

“要把五蕴看作与我不同的东西，不要把它看作与我相同的东西。”(ye pañcakhandhe passanti parato no ca attato，同上，1160)

“要把诸行看作与我不同的东西，不要把它们看作与我相同的东西。”(ye ca passanti saṅkhāra parto no ca attato，同上，1161，参看同书 177 原文：paccavakkhatha saṅkhāra parato no ca attato)

“要把由因而生、必然坏灭的诸行看作与我不同的东西，我就舍弃了一切烦恼，进入了清凉的寂静状态。”(同上，101)

“尽到自己义务的人。”(同上，729)

“为了自己的利益（attha）而皈依佛、法、僧。”(同上，249，250，289)

“我已获得自己的利益。”(同上，112，332，1260)

“爱护自己，瞬时也不要虚度。”(同上，1005)

“爱护自己的人。”(同上，142)

“正觉者（Saṁcbhuddha）也是能驾驭自己的人。”(同上，689)

“爱护心的人（cittānurakkhi）。”(同上，1142)

“保护意的人（mano rakkhati）。”(同上，735)

“我心已解脱。”(同上，17)

“善于解脱心的人。”(同上，223)

“激励自己，以成就涅槃吧。”(同上，637)

“洞察自己。”(同上，1074)

这些论述乍看起来，似乎与佛教主张的无我论发生矛盾，从而常被一些学者引用并作为早期佛教主张有我论的论据，实际上，只要稍加思考，疑团自会冰释。这里所述，系指个人修行。所谓“自己的利益”“爱护自己”“激励自己”“洞察自己”等等，都是讲的律己持戒，以摆脱物质世界的干扰与束缚，即所谓“摄根”(juttindriya)、“摄根不乱”（Saṁpajāna）。“心解脱”（cetovimutti），亦即“眼见色”，不着于其相（na nirnitta gāhī），不着于其味（na vyañjana gāhī）。(《长部》，1.p.70）这些有关个人的修行方法正是从佛教的无常、无我的指导思想出发的，它们和无我的学说并无冲突。相反，它们正是为了破除“我执”及“我所”而提出的方法，目的是为了达到“慧解脱”(paññavimutti)。如果联系到《长老偈》中提到的“诸行无常，诸行皆苦，诸法无我”的著名诗句(Theragātha，676—678)，则可了解此书的主导思想了。

《法句经》(Dhammapada）也是经常被人引用的文献，这里我顺便摘录一些，以便为当前国际上关于无我论争论提供一些必要的资料，并提出我们的意见。

“愚者因贪财而自讨灭亡。”(bhogatanhāya dunmedho hanti…attānaṁ，Dhammapada，355）

“出家的修行者要把自己的污秽除去。”(同上，388）

“虽然在战场上战胜了百万敌人，但如果能战胜一个自己的人，实际上才算是最大的胜利者。”(上同，103）

“自己为自己的主宰。”(同上，160）

“要自己激励自己，自己省察自己。”(同上，379）

“自己作恶，则自污；自己为善，则自净。净与不净皆属自己的事，人不能使别人得净。”(同上，165）

至于本经中的《自我章》(Attavagga) 关于人必须自觉地把握真正的自己的论述，也难以否定本书中出现的与前引《长老偈》中所出现著名诗句的相同的指导思想。(Dhammapada，277—279)

《弥兰陀问经》(Milindapañho) 中关于无我论的论述，也是十分重要的资料，如：

“所谓‘那先’，其实只不过是一种名称 (saṅkhā)、称呼 (samaññā)、假名 (paññatti)、通称 (vohāra)、名字 (nāma) 而已。那里并没有人格的个体 (puggala)。” (The Milindapañho，being Dialogues between King Milinda and the Buddhist sage Nāgasena，The Pāli Text，ed. by V.Ttrenckner，London，1880 Reprint appended a General Index，The Royal Asiatic Society，Landon，1928.p.25)

“如果不承认有人格的个体，那么是谁供给你们衣服、食物、寝具、坐具以及生病所必需的药品呢？……(由于没有行为的主体) 所以不存在善 (的行为)，不存在恶 (的行为)，不存在作善恶行为的人，也不存在善恶行为的果报、尊者那先，譬如有人杀了你，他也可以说他没有杀人。尊者那先，对于你们来说，也就不存在阿阇梨，不存在比丘，也不存在 (作为比丘必须坚守的) 完整的戒律了。” (同上，pp. 25—26)

“缘 (paṭicca) 辕、轴、轮、车身、车棍，而产生‘车’的名称、称呼、假名、通名、名字。” (同上，p.27)

“实际上，集合各种部件而产生‘车'的名称 (sadda)，同样，由五蕴集合即形成‘有情’(satta) 的假称 (sammuti)。” (同上，p.28)

“尊者那先，你认为有灵魂 (vedagu) 的存在吗？大王，依胜

义（paramatthena），是不能承认有灵魂存在的。”（同上，p.71）

“诸法皆依缘而生（ete dhammā paccayato jāyanti），因之不能承认灵魂的存在。”（同上，pp. 56—57）

“尊者那先，或曰识（viññaṇa），或曰慧（paññā），或曰有情之个人我（bhūtasmin jīva，灵魂），此诸法是意义不同文字也不同呢？还是意义相同而文字不同呢？大王，识以分别而知为特质（vijānanalakkhaṇa），慧以明确认识为特质（pajānanalakkhaṇa），所以，不能认为有情有个人我的存在。”（同上，p.86）

无我论是佛陀学说中最难理解的问题，因为既然否认灵魂的存在，又主张轮回和解脱，轮回需要有一个主体，那么这个主体又是什么呢？这些问题在早期佛教时期并未得到认真的解决，其原因是佛陀本人就回避对这些理论问题的探讨，而十分重视宗教的实践。这可从《中阿含·箭喻经》中佛陀对鬘童比丘提出的哲学问题不予回答一事得到证明。但是回避问题，并不等于问题从此就不再提起，及至佛陀逝世以后，这些问题便一再提出，成为聚讼纷纭、无法解决的难题。无怪乎觉音(Buddhaghosa)在他的《迷惑冰消》（Sammohavinodanī）一书中强调说只有佛陀本人才能透彻地解释无我的特性。其实，这些问题既是无法解决的问题，又是不难解决的问题。因为如果坚持无我论同时又坚持轮回论，就是无法解决的难题。可是，佛教毕竟是宗教，任何宗教哲学必须又是信仰主义的哲学，所以它的任何学说最终必然又服从于它的信仰。在这种情况下，任何难题也都会得到解决的。毫无疑问，任何宗教哲学都是神学，对于神学来说，是不会存在无法解决的难题。神是什么呢？神不过是扩大了的人的灵魂或宇宙万物精灵的美化。所以，神从它产生时候起就和灵魂不死的信仰紧密联系在一起的。佛教既是宗教，当然它的任何学说最终必须服从于它的信仰。

在部派佛教时期，随着对佛陀的日益神化，它的无我论也就逐渐发生了变化。犊子部首先主张有补特伽罗（pudgala），即谢尔巴茨基（Th. Stcherbatsky）所说的“一种朦胧的、半真实的人”，亦即灵魂。尽管他们说得委婉，但他们学说的出发点则是，既然强调轮回业报和解脱，就应该有一个轮回业报和解脱的主体，这个主体就“假施设名”为补特伽罗。他们说:“诸法若离补特伽罗，无从前世转至后世，依补特伽罗可说有转移。”当时他们的主张虽然受到佛教内部各派的强烈谴责，但各派却是暗地里吸收了他们的主张，如上座部的“有分识”，大众部的“根本识”，化地部的“穷生死蕴”，正量部的“果报识”，有部的“随同得”以及以后唯识哲学中的“阿赖耶识”，实际上都不过是补特伽罗的异名罢了。早期佛教所回避的难题，终于在犊子部的学说中得到了信仰上的合理解决。

②无人：即无补特伽罗或无人我。梵语为 niṣpudgala，见本经梵本。asattva，asattva-ātma-kathā，见 Laṅk.

【经文】

须菩提，若菩萨作是言：我当庄严佛土。是不名菩萨。何以故？如来说庄严佛土者，即非庄严，是名庄严。须菩提，若菩萨通达无我法者，如来说名真是菩萨。须菩提，于意云何？如来有肉眼①不？

如是。世尊，如来有肉眼。

须菩提，于意云何？如来有天眼[②]不？

如是，世尊，如来有天眼。

须菩提，于意云何？如来有慧眼[③]不？

如是，世尊，如来有慧眼。

须菩提，于意云何？如来有法眼[④]不？

如是，世尊，如来有法眼。

须菩提，于意云何？如来有佛眼[⑤]不？

如是，世尊，如来有佛眼。

【注释】

①肉眼：人们肉身之眼，由四种元素构成。即佛教所说烦恼具足的凡夫之眼。又为五眼之下。五眼为：肉眼、天眼、慧眼、法眼、佛眼，见《集异门论》卷五㊅26，388页。梵语为māṃsacakṣus，见Laṅk.

②天眼：超人之眼，能见到普通人所看不见的东西，亦即具有洞察一切的视力之眼。神圣之眼，获得神通之眼，具有超自然视力之眼。又为六神通之一。六神通为：神足通、天眼通、天耳通、他心通、宿命通、漏尽通。又为五眼之一。巴利语为dibbacakklu，见《长阿含经》卷二㊅1，12页；MPS.1.27。巴利语又为dibbaṃ cakkhu。梵语为divyaṃ cakṣus，见《长阿含经》卷二㊅1，12页；MPS. 1，27. MPS.S.146；《十诵律》㊅23，24页；《集异门论》卷五㊅26，388页；《般舟三昧经·行品》《维摩经》㊅14，541页；《观无量寿经》㊅12，341页。梵语又为divyacakṣus，见 AKbh.P.17.

③慧眼：智慧之眼，正确观察万物之眼，哲学的洞察力，洞察真理之眼力，五眼之一。见《维摩经》㊅14，551 页；《华严经》㊅9，395 页；《俱舍论》卷八；《无量寿经》㊅12，274 页。梵语为 Prajñā-cakṣus，见 MSA. Laṅk.

④法眼：洞察诸法之眼，洞察真理的智慧之眼，菩萨依此认识各种现象的真相。五眼之一。梵语为 dharma-cakṣus，见《有部律出家事》㊅23，1027 页；CPS.S 384.《有部律破僧事》卷六㊅24，128 页；CPS.S.152.《无量寿经》㊅12，274 页；MSA. 梵语又为 bharma-netrī，见 Bodhis p.56.

⑤佛眼：佛之眼，觉者之识见，对一切事物一见便知其真相的眼力。梵语为 buddha-cakṣus，见《有部律破僧事》卷六㊅24，126 页；CPS.S.116.《法华经·授记品》㊅9，20 页；《无量寿经》㊅12，274 页；《法华经·方便品》㊅9，9 页。

【经文】

须菩提，于意云何？如恒河中所有沙，佛说是沙不？

如是，世尊，如来说是沙。

须菩提，于意云何？如一恒河中所有沙，有如是沙等恒河，是诸悟河所有沙数佛世界[①]。如是宁为多不？

甚多，世尊。

【注释】

①佛世界：与佛国、佛国土同。见《最大上乘金刚大教宝王

经》㊅20，543页；《维摩经》㊅14，537页；《大乘集菩萨学论》㊅32，105页。

【经文】

佛告须菩提：尔所国土中所有众生若干种心[①]，如来悉知。

【注释】

①心：在印度各派哲学著作与佛典中，心有多种含义：

1. 与宇宙存在相对，一般指人的精神。又称心王。梵语为citta，见AK.11，23，34.《俱舍论》卷二十八；AK，Ⅲ，3.《中论》。梵语又为cetas，见AK.11，33.《中论》、《百五十赞》四十八——四颂，MSA. MAV.

2. 思考器官，一般汉译为意，为六根之一。梵语为manas，见《了本生死经》㊅16，815页。

3. 五蕴之一，即识。巴利语为viññaṇa，见《那先比丘经》A.B㊅32，696. 706页。

4. 在唯识哲学中，为对对象的纯粹认识。梵语为vjiñāna，见《辩中边论》㊅31，465页；MAV，1，8."唯能了境总相名心"，梵语为citta=artha-mātre-dṛṣṭir vijñānam，见《辩中边论》㊅31，465页；MAVdh. adl，8.

5. 心情，梵语为āśaya，见《百五十赞》十四颂。MSA. laṅk. citta-āśaya，见Laṅk.

6. 眼等六识及意，如"心……界"。梵语为citta-dhāta-vaḥ，见AK.1，34.

7. 属于心之物，心作用。梵语为 caitasī（心的），见 AK 11，7.cetasika，MSA.

8. 佛教从主观唯心主义出发，把心作为人们存在的基本原理，亦即心性。如“三界唯一心，心外无别法”“一心一切法，一切法一心”等。

9. 与六识同。

10. 在唯识哲学中，指思量心（以思虑为本质的第七识）和第八识阿赖耶识。

11. 心脏。密教解释为八叶之心莲华。

梵语为 hṛdaya，见 AK 111，43. hṛd，见《百五十赞》二十二颂。

12. 在数论派哲学中，心为思考器官（manas）。见《金七十论》㊅54，1245 页；gaud.ad SK.3.citta；见 MSA. MAV. Vijñāna；见 MAV. manasi-kāra；见 MSA.

心是与色（rūpa，物质）及身（kāya，肉体）相对的精神，这是佛教对心的一般说法。详细说来心还可分为心（citta）、意（manas）、识（vijnāna）三种，小乘佛教中的说一切有部把这三种视为同一的东西，没有什么区别。大乘瑜珈行派则认为，心为宇宙间各种现象形成的原因的总集，亦即产生各种现象的根本原理（特指阿赖耶识）；意为思量或思维作用（特指末那识）；识为了别或认识作用（指前六识）。如把心又从主体和从属作用两方面来分时，则主体称为心王，从属作用称为心所。阿赖耶识为心王，其余随阿赖耶识而生起的各种精神作用则为心所。

【经文】

何以故？如来说诸心皆为非心，是名为心。

所以者何？须菩提，过去心[1]不可得，现在心[2]不可得，未来心[3]不可得。

【注释】

①过去心：过去之心。过去，为有为诸法的作用结束之位，三世（过去、现在、未来）之一。梵语为 atīta，见《有部律》㊅6，128 页；CPS.S.168.Laṅk.AK.1.44.《俱舍论》卷一；MSA.《瑜伽论》卷十六㊅30，363 页；PG.K 15，p.169. pūrva；见 Laṅk，paurānika；见 Laṅk. 过去，又为过去世之略称。梵语为 atīto'dhva，见 MAV. pūrva-janma，见 Laṅk.atīte'dhvani（于过去世），见 Bobhis.p.36.

②现在心：现在之心。现在，梵语为 pratyutpanna，见《有部律破僧事》卷六㊅24，128 页；CPS.S.168. vartamāna，abhunā，见 Laṅk.

③未来心：未来之心。未来，巴利语为 anāgata，见《义足经》㊅4，187 页；Sn. 85. 梵语为 anāgata，见《有部律破僧事》卷六㊅24，128 页；CPS.S.168.《瑜伽论》卷十六㊅30，363 页；PG.K.15，p.169. anāgatodhvā，见 MAV. anāgate'pi（adhvani，于未来世），见 Bodhis. p.36. abhisamparāya，见 AK.bh.p.333. aparānta，见 Laṅk. āyati，见 Laṅk.

【经文】

须菩提，于意云何？若有人满三千大千世界七宝，以用布施。是人以是因缘[1]，得福多不？

如是，世尊，此人以是因缘，得福甚多。

须菩提，若福德②有实，如来不说得福德多。以福德无故，如来说得福德多。

【注释】

①因缘：佛教重要术语之一。一般来讲，因即原因，缘即条件。因缘合称，即指形成宇宙间一切事物、现象和引起认识以及造成“业报”的原因和条件。“一切法因缘生”，见《大乘入楞伽经》卷二。“佛教因缘为宗，以佛圣教自浅至深，说一切法，不出因缘二字”，见《楞严经疏》卷一。因缘合称，梵语为Hetupratyaya，此复合词系佛教所独创。因缘之作用即称缘起论（Pratityasmutpāda），是佛教全部世界观和宗教教义的理论基础。

“Ye dhamma hetuppabhava tesam hetum Tathagate.”（诸法皆依因缘而生者，佛说此因缘），见Vinaya 1.p.40.《五分律》卷十六。

一切自然现象和社会现象皆依因缘而生，自然就排斥了永恒存在的梵或梵天；同时，一切现象又都在相互联系中瞬息万变，又自然否定了常住的“我”。自原始佛教以来，以缘起论为理论基础就逐渐构成了佛教的庞大体系。虽然以后随着佛陀的不断被神化，从而必然使佛陀的无我论逐渐演变为羞怯的有我论，但缘起论却依然是佛教各派的共同的主张，并不断地予以发展和充实。

显然，佛教的缘起论中，充满了辩证法思想。但这种辩证法仍然是首尾倒置的辩证法。这点，可从下列几个方面进行分析：

1. 主观与客观

在哲学的根本问题上，缘起论反映在主、客观的关系上，就是主观与客观的联系构成了整个世界，离开了两者的联系及其相互间的依存关系就没有所谓世界。客观的存在必须依赖与主观的联系，这就完全抹杀了物质存在的独立性，使客观从属于主观。请看：

“何谓一切？谓眼与色，耳与声，鼻与香，舌与味，身与触，心与法。”(《杂阿含经》卷十三；SN. IV.p.15.)

这就是说,“六根”与“六境”的联系和依存关系构成了世界。“六根”为人的感觉感官,“六境”为人的感官对象。“六根”与“六境”的关系看起来似乎是相互联系而又相互依存，实际上“六境”却从属于“六根”，没有“六根”就没有“六境”。

“吾友，恰如二束芦得互相依立，如是，以名色为缘而有识，以识为缘有名色……二束芦中，如取去其一时，他一必扑；如取去其他时，他之一束必扑。如是，吾友，依于名色灭则识灭，依于识灭则名色灭。”(《杂阿含经》卷十二；SN. 11.p.114.)

混淆客观与主观的界限，使客观融合于主观之中，这就是佛教缘起论的实质。本来“名色”是指“五阴”的整体，其中就已包括了主、客观的两个方面，而“识”则仅是“五阴”中的主观方面。这里又把“名色”作为客观，把“识”作为主观，从而导致了认识论上的混乱。这种情况，自然也反映在早期佛教“十二因缘”的学说中。

2. 十二因缘

早期佛教的世界观是由其人生观扩展而成的，严格地说，其整个宗教唯心主义的体系是建立在对人生的观察上，从而也可以说早期佛教是以其人生观代替了整个的世界观。

从缘起论出发，观察有情的肉体组织及精神、意识的活动，就形成了早期佛教的十二因缘说。

十二因缘从其发生的作用方面来说又称十二缘起。十二缘起的序列有两种：往观（逆观）和还观（顺观）。往观是由果求因，还观是由因求果。现先按还观列出十二因缘的次序，然后再按往观的次序对十二因缘加以简略说明。

还观十二因缘的次序为（括号内均为巴利语）：

无明（avijjā）

行（saṅkhāra）

识（viññāna）

名色（namarupa）

六入（salayatana）

触（phassa）

受（vedana）

爱（tanha）

取（updāna）

有（bhava）

生（jati）

老死（jaramaraṇa）

早期佛教认为老死以及人生一切痛苦的最终原因是无明。无明的概念在印度哲学史上产生极早。在《梨俱吠陀》末期的《无有歌》(Nasadāsijasukta）中就曾叙述了宇宙起源，并说种子（abhu）依于热力而展开为欲，由欲而为现识（manas），于是宇宙形成。虽然当时尚未出现无明的概念，但种子说却已孕育了无明思想的萌芽。及至《阿闼婆吠陀》时期终于出现了无明这一概念（AV. Ⅺ，8，23），《梵书》继续沿用（ŚBr，xiv），《奥义书》时期形成了无明为现实界本源的思想，并把意欲作为一切活动的动力。

佛教利用了这些传统的思想资料，并在数论派和耆那教的影响下，把缘起说逐渐扩展为十二因缘的学说。这无疑是佛教中最重要的学说之一，同时也是最难理解的部分，从而引起了历来佛教徒和佛学家的重视。

现按往观次序，对十二因缘略作如下说明：

老死

早期佛教认为人生就是痛苦，特别是老死，他们认为是痛苦之最。因之他们把老死当作观察人生、寻求解脱痛苦的起点，以探索产生痛苦的原因。显然，这里回避了当时社会现实的阶级压迫，而却企图在老死这一不可抗拒的自然规律面前，毫无意义地去寻求脱离现实生活的虚幻解脱。实际上这种解脱只意味着精神的麻醉。不从社会压迫中寻求劳动群众惨痛生活的根源，而把老死当作最大的痛苦，并由此去追求老死的原因，就必然走向信仰主义。

生

佛教断言，老死的原因是生，无生则无老死的痛苦。从老死开始探索人生痛苦的原因，就已把人们开始引向彼岸世界，以后每走一步就是走向彼岸世界的一个阶梯，从而也愈益离开了现实。在寻求精神解脱的道路上每前进一步，就距离摆脱现实痛苦的道路愈远。

有

有即存在，共有三种：欲有（kamobhava）、色有（rupabhava）和无色有（cerupabhava）。所谓“欲有”即欲望的存在，“色有”即物质世界一切现象的存在，“无色有”即欲有、色有以外的一切存在。这三种有亦称“三界”。

取

取即占有欲望，把世界和人的存在的原因归结为取，就是把人的欲望作为世界和人存在的原因。如果没有欲望，世界也就不存在了，从而一切痛苦也就自然消失了。所谓解脱，也就是认识到欲望是一切痛苦的原因，并彻底消灭欲望。这是佛教教义中十分重要的一条。

爱

取的原因是爱，亦即迷恋和追求。这是对欲望作进一步分析的结果。

受

受即感情，爱的原因是感受或感情。脱离物质世界，脱离人们生活的社会，在精神世界中，通过各种精神现象间的联系（因缘）去寻求精神现象产生的原因，这是一切唯心主义的共同特点。从精神现象的任何一种现象出发去寻求其产生的精神上的原因，就是引导人们航向精神的迷茫海洋，而一切宗教所说的彼岸世界也正是这种精神海洋的彼岸。佛教认为要消灭痛苦，就要消灭欲望和产生欲望的爱以及产生爱的感情，到这里使我们愈益深刻地体会到，佛教是无情世界中消灭精神感情的宗教。

触

触即感觉，他们认为感情来源于感觉。这里很可能引起人们思想上混乱，似乎佛教也是主张感觉论的了。其实，感觉论历来就有两种，一种是唯心主义的感觉论，另一种是唯物主义的感觉论。两者的根本区别在于：在物质和精神的关系上哪个是第一性的问题。如前所述，佛教的主要教义是消灭欲望，消灭感情，实际上也就是消灭精神本身。这还不算，他们在消灭精神后还要消灭整个物质世界，或者说他们是要通过精神的海洋来淹没整个世界。在这种情况下承认感觉只不过是为了消灭感觉而已。这里的感觉已经是被精神淹没了客观实际对象的感觉。这一点到后面就会看得更加清楚。

六入

六入即眼、耳、鼻、舌、身、意六根。前五根是感觉器官，最后的意根是领会、摄取前五根所提供的材料的思维器官，故又称为心根。感觉来源于感官，但五根提供的材料却须依赖意来摄取，于是意在六入中就占据了主导地位。

名色

名色，是主、客观的统一，人的身心两方面的结合，亦即五阴的总体。名色相互联系、相互依存、不可分离，无名即无色，无色即无名。既然主、客观的对立已被消灭，那么也就消灭了客观物质的独立性，从而人类生命组织的整体的来源也就只能在精神中去寻找了。

识

名色来源于识，充分说明了佛教关于名色与识的二束芦关系的实质。识在十二因缘中的地位十分重要，它在十二因缘的序列中起着承上启下的作用，也可以说它是十二因缘中最主要的一环。

从识的说明中可以认识佛教的实质和整个佛教庞大体系的中心思想和内在矛盾。例如：

“尔时嗏帝比丘鸡和哆子（Sātikevaṭṭa putta）生如是恶见：我知世尊如是说法，今此识往生不更异。诸比丘闻已，往至嗏帝比丘所，问曰：嗏帝，汝实如是说，我知世尊如是说法，今此识往生不更异耶？嗏帝比丘答曰：诸贤，我实知世尊如是说法，今此识往生不更异。时诸比丘诃嗏帝比丘曰：汝莫作是说！莫诬谤世尊！诬谤世尊者不善！世尊亦不如是说。”（《中阿含·嗏帝经》）

嗏帝比丘在这里直接道破了佛说的真意是识为轮回的主体，但却遭到了众比丘的诃责，以后又遭到了佛陀的诃责。可见佛教也和其他宗教一样，并不愿让他的信徒直接用明确的语言道破其说教的真意，而要他们在并不神秘的说教中去体会出深奥而神秘的道理。识为名色之因，也就是说识决定了名色。

行

行是包括意志在内的心理活动。由意志的推动而产生识，这是古代的意志论。

无明

无明即本能的冲动，也就是处于蒙昧状态的意志。由于无明是无始的，所以无法再对无明做进一步的分析了。行起于无明，无明就成为一切痛苦产生的终极原因。因之，消灭无明也就是最终消灭了产生痛苦的根源，达到涅槃的境界。

以上就是十二因缘的基本内容。关于十二因缘这种严密的形式，未必能在佛陀时期就已完成，但它的主要方面在佛教产生后就逐渐完成了。但这些主要方面究竟是什么呢？我们认为，在十二因缘中最主要的是有、名色和识三项，早期佛教就是以此三项为中心逐渐组织起十二因缘的。三项中识最重要，是决定其他两项的环节。

有，是名色和识的统一，是精神上的“存在”，而非客观的物质存在。早期佛教学说中唯一能表示物质存在的概念是“色”而非“有”。在名色的关系中，“色”是依赖于“名”而存在的；在名色与识的关系中，名色又是依赖于识而存在的。因之，识在三项中所占的地位最为重要。巴利《经集》中说：

“一切依赖识而成立。”（Viññāvatthitiyo sabhā，见 Suttamipta，1114.）

这就是说无识则无一切。这也是佛教在思维与存在的关系问题上的基本观点。

此外，因缘还有以下各种含义：

1. 直接的原因。见《俱舍论》卷四。梵语为 nimitta，见 AKV.p.129.

2. 因即缘之意，广义的因缘之意，从而一切有为法皆可称为因缘。为四缘之一，四缘即因缘（hetu-pratyaya）、等无间缘（samanantara-pratyaya）、所缘缘（ālambana-pratyaya）和增上缘（adhipati-pratyaya）。见《俱舍论》卷七；《中论释》㊅30，2 页。

3. 依、循、缘。巴利语为 upanissāya，见《义足经》㊅4，181 页；Sn. 867. 巴利语又为 paticca。梵语为 pratitya，见《人本欲生经》。

4. 与其他事物的依存关系，如“识因缘故起”。巴利语为 paṭic casamuppanna，见《中阿含》卷五十四㊅1，767 页；MN.1，p.256f.“从因缘生”，巴利语为 paṭicca，见《中阿含》卷七㊅1，764 页；MN.1，p.185.“诸因缘故”，梵语为 pratitya，见《中

论》25.9.“不受诸因缘”，见《中论》25.9.“由此因缘”，梵语为 tad-dhetostat-pratyayam，见《有部律破僧事》卷七㊅24，136页；CPS.s.356.

5. 机会、机缘。巴利语为 paccaya，见《五分戒本》㊅22，196页；Nis. p.29. 梵语为 nidāna，见 MAV.p.54.

6. 理由。见《五分戒本》㊅22，196页；《十诵律》㊅23，101页。“以何因缘”，梵语为 kena kāraṇena，见《观音经》；SaddhP.p.362.“以是因缘”，梵语为 anena kāraṇena，见《观音经》；SaddhP.p.362.

7. 道理，因果关系。见《法华经》卷一㊅9，2页。梵语为 Pratyaya，见《佛所行赞》卷三㊅4，23页；Buddhac. Ⅻ，71.

8. 方法。见《法华经·神力品》㊅9，52页。“种种因缘”（以种种方法），巴利语为 aneka-paroyāyeṇa，见《五分戒本》㊅22，195页；Pārājika 3.“以种种因缘”（以各种方法），巴利语为 aneka-pariyāyena，见《别译杂阿含》卷七㊅2，425页；SN. Ⅳ，P.320.

9. 动机，目的。梵语为 prayojana，见《佛所行赞》卷一㊅4，2页；Buddhac.1，57. 梵语又作 hetu，见《金七十论》三十一颂㊅54，1253页。

10. 个人素质，根据。梵语为 ārambaṇa，见《法华经》卷一㊅9，2页；SaddhP.p.5.

11. 事物的起源，由来。九分教和十二部经之一。九分教，又称九部法，印度佛教最初把佛陀教导依其内容与形式分为九种类型，即：契经（sūtra）、伽陀（gāthā）、本事（itivṛttaka）、本生（jātaka）、未曾有法（adbhuta）、因缘（nidāna）、譬喻（aupamya）、祇夜（geya）、论议（upade śa）。这种九分教的顺序排列比较特殊，究竟受了哪个部派的影响而形成这种顺序，已失考。梵语为nava-ang…śasanaṃ，见《法华经·方便品》㊅9，8页；SaddhP.p.42. 在巴利佛典中，九分教则为：契经（sutta）、重颂（geyya）、授记（veyyākaraṇa）、偈颂（gāthā）、感兴语（udāna）、如是语（itivuttaka）、本生谭（jātaha）、未曾有法（abbhuta-dhamma）、方广（vedalla）。见MN.1，p.133；AN. 11，p.103；178；111，p.86f;117f. 十二部经的分类较九部经为晚，各经典关于十二部经的内容与排列顺序略异，一般的顺序与名称为：修多罗（sūtra）、祇夜（geyq）、伽陀（gāthā）、尼陀那（nidāna，因缘）、伊帝目多伽（itivṛttaka，本事）、阇多伽（jātaka，本生）、阿浮达摩（adbhuta-dharma，未曾有）、阿波陀那（avadāna，譬喻）、优婆提舍（upadeśa，论议）、优陀那（udāna，自说）、毗佛略（vaipulya，方广）、和伽罗（vyākaraṇa，授记）。见《大安般守意经》㊅15，172页；《观无量寿经》㊅12，344页；《南本涅槃经》㊅12，691页；《菩萨璎珞本业经》㊅24，1018页。在某种场合，十二部经又为文、歌、记、颂、譬喻、本记、事解、生传、广博、自然、道行、两现。见《般泥洹经》㊅1，188页。

②福德：有以下几种含义：

1. 功德，一切善行及由善行而得的福利。梵语为puṇya，见《法华经》卷一㊅9，8页；SaddhP.p.46. AKbh.《回诤论》㊅32，16页；ad Vigr. Vy.7.

2. 与善法观。梵语为Ku śalā dharmāḥ，见《有部律杂事》三十五卷㊅24，383页。Kuśala，见《法华经》卷一㊅9，7页；SaddhP.p.41. "福德威神力"（puṇya-anubhāva），见《药师本愿经》

㊅14，405 页；Bhaiṣaj.p.6. “福德大”（maheśākhya），见 AKbh.p.125.

3. 有时与智慧相对，把六度中的前五个称作福德。见《成唯识论》卷九㊅31，49 页。

【经文】

须菩提，于意云何？佛可以具足①色身②见不？

不也，世尊。如来不应以具足色身见。

【注释】

①具足：有下列几种含义：

1. 具有，梵语为 upeta，见《法集要颂经》㊅4，786 页；Udv. XIX，1.saṃ pad，见 Laṅk.

2. 具有一切条件，毫无短缺。梵语为 avaikalya，prapūṃata，见 MAV.《华严经》卷四㊅9，417 页；《无量寿经》㊅12，267 页。

3. 与圆满同，亦即安全。梵语为 paripūrṇa，见《法华经》卷一㊅9，3 页；SaddhP.p.16.

4. 受持佛教教团所规定的完全的戒律。见《维摩经》㊅14，54 页。

5. 指具足戒。具足戒为出家比丘、比丘尼所遵守的戒律，亦称大戒。也就是小乘佛教所规定的完全的戒律。由于部派的不同，其戒律数目也不尽相同。一般来说，比丘必须恪遵二百五十戒，比丘尼必须遵守三百四十八戒。“受具足戒”，梵、巴称作 upasaṃpadā。“受了具足戒”，梵语称作 upasaṃ panna。受具足戒时有一套隆重的仪式和规定，即所谓“三师七证”和“白四羯磨”。“三师七证”即三位大和尚（授戒的律师、诵读羯磨文的羯磨师和教授仪式作法的和尚）和七人的证明师。“白四羯磨”即在受具足戒时，三师七证皆备，首先由羯磨师向其余二师及七证提出，某人自愿受具足戒，且身心洁白，年满二十，三衣及缽皆已准备妥当，已具备了受戒资格，请同意他受戒。这就是“一白”。如三师七证无异议，则反复三度征求与会众僧的意见，如无异议，即可受戒。这就是“三羯磨”。“一白”与“三羯磨”合称“白四羯磨”。详见《观无量寿经》㊅12，345页；《有部律破僧事》卷七㊅23，133页；CPS.s.302. 306.《四分律》卷四十四㊅22，888页；《孔雀王咒经》㊅19，446页。

6. 数论派逻辑学术语，因（理由）之一种。“诸具足”（vīta），相当于因明中的同品定有性（sapakṣa eva sattvam）。

②色身：具有形体的肉身，亦指具有三十二相佛陀的有形的生身。梵语为 rūpa-kāya，见《俱舍论》卷八；《瑜伽论》卷十六㊅30，363页；PG.k.25，p.171.《八十华严》卷七十三㊅10，398页；《二菩萨经》㊅20，663页；《华严经》卷三㊅9，411页；《大智度论》卷九十九㊅25，747页；《百五十赞》一四五颂。

具足色身，具足三十二相的佛陀肉身，梵语为 rūpa-kāya-pariniṣpattī.

【经文】

何以故？如来说具足色身，即非具足色身，是名具足色身。

须菩提，于意云何？如来可以具足诸相见不？

不也，世尊。如来不应以具足诸相见。何以故？如来说诸相具足，即非具足，是名诸相具足。

须菩提，汝勿谓如来作是念：我当有所说法。莫作是念。何以故？若人言如来有所说法，即为谤佛[1]。不能解我所说故。

【注释】

①谤佛：诽谤佛陀。见《大方等无想经》卷二㊅12，1083页。

【经文】

须菩提，说法者，无法可说，是名说法。

尔时慧命须菩提白佛言：世尊，颇有众生于未来世，闻说是法，生信心不？

佛言：须菩提，彼非众生，非不众生。何以故？须菩提，众生众生者，如来说非众生，是名众生。

须菩提白佛言：世尊，佛得阿耨多罗三藐三菩提，为无所得耶？

佛言：如是如是。须菩提，我于阿耨多罗三藐三菩提，乃至无有少法可得，是名阿耨多罗三藐三菩提。

复次须菩提，是法平等[1]，无有高下，是名阿耨多罗三藐三菩提。以无我，无人，无众生，无寿者。

修一切善法[2]，即得阿耨多罗三藐三菩提。

须菩提，所言善法者，如来说即非善法，是名善法。

【注释】

①平等：有以下几种含义：

1. 共通，梵语为 sāmanya，见《百五十赞》一〇九颂。

2. 通用，梵语为 sāmya（=sādhārana），见《金七十论》㊅54，1247 页；Gaud. ad SK 11.sāmānya；见《金七十论》十四颂注㊅54，1248 页。

3. 同等的人。梵语为 sadṛśa，见《百五十赞》二十七颂。

4. 人与人之间无高下、尊卑之分的平等，见《上官维摩疏》㊅56，46 页。

5. 超越憎爱好恶的超然境界。见《杂阿含》卷二十二㊅2，154 页；SN.1，p.4.

6. 调和，指构成身体的各种要素（风、热、痰等）的调和。如"风热痰不平等"（vāta-pitta-śleṣma-viparyaya），见《金七十论》第一颂；Gaud.ad. SK.1.

7. 无差别的世界，贯穿于各种现象中的绝对真理。梵语为 samata，见《理趣经》㊅8，784 页。

8. 在真言密教中，为三十二种脉管之一。梵语为 sāmānyā，见《大悲空智经》序品㊅18，588 页；Hevajral，1，17.

9. 与平等比量同，为比量（推论）之一种。在正理派（Nai-yayika）的量论中强调四量，即现量（pratyakṣa）、比量（anumaka）、比喻量（upamāna）和声量（śabda）。现量就是通过感官对外界的直接认识。见《正理经》（Nyáya-sūtra）1，1，4. 比量即以现量获得的认识为基础，对未见闻的事物通过推理而获得的认识。见 Nyāya-sūtra，3，1，56. 比量包括三种：

a. 有前比量（pūrvavat），即从原因推知结果，如见乌云可推知天将下雨。

b. 有余比量（viśeṣevat），即从结果推知原因，如见河水上涨可推知上游有雨。

c. 平等比量（sāmānyatodṛṣṭa），即从已知事物推知与其同类事物，如见邻院桃树开花，当可推知我院桃树亦复如是。

比量是获得真知的最重要方法，因之正理派对此曾做过严密的探讨。

比喻量是由既知事物推知某种与其同类的未知事物。例如虽未亲眼见过野牛，但却曾听人说过野牛与家牛同类，则以后在森林中看到与家牛类似的动物时就可确认其为野牛了。由这种推论而得的认识就称为比喻量。

比喻量与平等比量的区别在于：平等比量是以现量的事实推知未证的事实，而比喻量则是从已知事物的名称确认与现量事实的一致。

声量，又称传承量（āptavacana）或圣言量（āptasruti），即从权威人士那里获得的认识。其中有可见的（dṛṣṭārtha）和不可见的（adṛṣṭārtha）两种。所谓可见的声量就是由实际生活可以验证的认识，而不可见的声量则是超经验的认识。

佛教逻辑学在正理派量论的影响下，成立了三量，即现量、比量和圣教量（佛言量）。

10. 平等王之略称，亦即闫魔王。梵语为 samatā，见 Laṅk.MSA. MAV.samāna，见 Laṅk. samatikrama-svabhāva，见 Laṅk. sama，见 MAV. MSA.

②善法：善事，顺乎道理并又利己利他之法。五戒十善为世间善法，三学六度为出世间善法。五戒为在家佛教信徒必须恪守的五条戒律，又称优婆塞戒。即禁止杀生、偷盗、邪淫、妄语、饮酒。见《长阿含》卷二㊅1, 14页。巴利语为pañca-sīla，见《游行经》㊅1，196页；《九横经》㊅2，883页。梵语为pañca-śīla，见《四分律》㊅22，640页；《俱舍论》卷十四；《观无量寿经》㊅12，345页。pañca-śikṣāpadāni，见《药师本愿经》㊅14，407页；Bhaiṣaj.p.19. 十善为不杀生（prāṇa-atipātāt prativirataḥ）、不偷盗（adatta-ādānāt p.）、不邪淫（kāma-mithyā-cārāt p.）、不妄语（anṛta-vavanāt p.）、不绮语（sambhinna-pralāpāt p.）、不恶口（parusa-vacanāt p.）、不两舌（pi śuna-vacanāt p.）、不贪（abhidhyātaḥp.）、不瞋恚（vyāpādāt p.）、不邪见（mithyā-darsanātp.）。见《寂志果经》㊅1，272页；《观无量寿经》㊅12，341页；《大智度论》卷四十六㊅25，395页。三学即戒、定、慧。这是佛教徒修行的三个最基本的方面，三者互相联系，又各自独立，不可偏废。戒即止恶行善，过有规律的严谨的生活；定即排除一切杂念，使身心在安静中获得精神上的统一；慧即以智慧观察世界，获得正确的世界观。三学，梵语为triṇi śikṣāṇi，见Mvyut XXXV1. 三学又称增上戒学（adhisilam）、增上心学（adhicittam）、增上慧学（adhiprajñā）。增上，意为卓越。见《集异门论》卷五㊅26，388页；《俱舍论》卷二十四。巴利语为tisso sikkhā，如“有三学……谓增上戒学、增上意学、增上慧学”。见《杂阿含》卷三十㊅2，P.213页；AN.1，235. 六度即六波罗蜜。

善法，梵语为ku śalā dharmāḥ，见《有部律杂事》卷三十五

㊅24，382页；《回诤论》㊅32，16页；ad Vigr. y.7.kuśala-dharma，见本经梵本及 MSA kuśala，见 MSA. MAV. kuśala-mūla，见 MSA. śubha，见 AK. IV，40. MSA. “因善法向上”（dharmeṇa gamanam ūrdhvam），见《金七十论》四十四颁㊅54，1255页。

【经文】

须菩提，若三千大千世界中，所有诸须弥山王，如是等七宝聚，有人持用布施。若人以此般若波罗蜜经，乃至四句偈等，受持读诵，为他人说，于前福德，百分不及一。百千万亿分，乃至算数譬喻，所不能及。

须菩提，于意云何？汝等勿谓如来作是念：我当度众生。须菩提，莫作是念。何以故？实无有众生如来度者。

若有众生如来度者，如来即有我、人、众生、寿者。

须菩提，如来说有我者，即非有我。而凡夫之人，以为有我。

须菩提，凡夫者，如来说即非凡夫，是名凡夫。

须菩提，于意云何？可以三十二相观如来不？须菩提言：如是如是，以三十二相观如来。

佛言：须菩提，若以三十二相观如来者，转轮圣王[①]即是如来。

须菩提白佛言：世尊，如我解佛所说义，不应以三十二相观如来。

【注释】

①转轮圣王：即转轮王。梵语为 cakravarti-rāja，亦即伟大的统治者。在印度神话中，为统治全世界的理想圣王。他被描绘为转动天授的宝轮，以正义征服全世界而不凭借武力。耆那教、印度教以及古铭文中皆有此说，尤其在佛教中更具有特别重要的意义。在佛教中，转轮圣王具有三十二相和七宝，不用刀剑，而以正义征服并统治世界。据说有金轮、银轮、铜轮和铁轮四王。另一种说法是，当人们寿命达到二万岁时首先出现铁轮王，为一天下之王；当人们寿命达到八万岁时，出现了金轮王君临四天下而顺化四方。其轮称轮宝（神圣的车轮）为王作前导，以粉碎一切妨碍和祸害。详见《华严经》卷五㊅9，427 页；《十诵律》㊅23，14 页；《俱舍论》卷十二。cakravartin，见 AK. 111，95. AKbh.p.119.《瑜伽论》卷四十㊅30，511 页；Bodhis.p.141. MAV. cakravartinṛpa，见《宝性论》㊅31，837 页。Laṅk. cātur-dvipaka-cakravartin，见《法华经》卷一㊅9，2 页；SaddhP.p.4.

【经文】

尔时世尊，而说偈言：

若以色见我，以音声求我，
是人行邪道[①]，不能见如来。

【注释】

①邪道：有下列几种含义：

1. 偏道的小路，见《四分律》㊅22，608 页。

2. 不实行八正道，见《八正道经》㊅2，505 页。

3. 恶道，邪恶之道，亦即错误的实践。见《俱舍论》二十一卷。梵语为 kumārga，见《药师本愿经》㊅14，405 页；Bhaiṣaj.p.

4.《灌顶经》卷十二㊅21，534 页。

【经文】

须菩提，汝若作是念：如来不以具足相故，得阿耨多罗三藐三菩提。须菩提，莫作是念。如来不以具足相故，得阿耨多罗三藐三菩提。须菩提，汝若作是念：发阿耨多罗三藐三菩提心者，说诸法断灭①。莫作是念，何以故？发阿耨多罗三藐三菩提心者，于法不说断灭相。

【注释】

①断灭：绝灭。见《俱舍论》卷五。梵语为 uccheda，见《中论》，MAV. upaśānti，prahāṇa，samuccheda，见 MAV.

【经文】

须菩提，若菩萨以满恒河沙等世界七宝，持用布施。若复有人知一切法无我，得成于忍①，此菩萨胜前菩萨所得功德。

【注释】

①忍：有下列几种含义：

1. 忍耐。巴利语、梵语皆为 adhivāsana，见《一切流摄守因经》。

梵语又为 kṣānti，见 Laṅk《百五十赞》一二二颂。adhi-nvas，见 Bodhis.p.132. sahiṣṇuta，见 MSA.

2. 六波罗蜜或十波罗蜜之一的忍辱波罗蜜。见《华严经》卷三㊅9，411 页。梵语为 ksānti。

3. 许可，承认。梵语为 abhyupagama，见《庄严经论》㊅31，638 页。特殊智慧的表现、忍可、认识作用。梵语为 kṣānti，此词含义除忍耐外，尚有忍可决定的意思，故有认识、确知之意。梵语又为 kṣamaṇatā，见 Laṅk.《四分律》卷四十六㊅22，909 页；《集异门论》卷十二㊅26，419 页。

4. 认识四谛的道理，认知，忍可。梵语为 kṣamaṇa，见真谛译《俱舍论》卷十六㊅29，271 页；AKbh.p.344.

5. 四善根的阶梯中的忍位。《俱舍论》云有两种忍：

a. 四善根中的忍善根，此为有漏忍。四善根为暖、顶、忍、世第一法。

b. 见道位中的无漏八忍。见道位即观察四谛的阶段，亦即断绝见所断的烦恼的过程。初见无漏圣道，并进入圣者行列之位，又称见谛道位。小乘称预流向，大乘称初地。《俱舍论》中所说四善根中的世第一法善根后直接产生无漏正智，并依十六心次第观察欲、色、无色三界之四谛的过程中，前十五心称为见道，后一心称为修道。但经量部则认为十六心皆为见道。十六心即八忍八智。八忍为：苦法智忍（duḥkhe dharma-jñāna-kṣāntiḥ）、苦类智忍（duḥkhe'nvaya-jñāna-kṣāntiḥ）、集法智忍（samudaye dharma-jñāna-kṣāntih）、集类智忍（samudaye'nvaya-jñāna-kṣāntiḥ）、灭法智忍（nirodhe dharma-jñāna-kṣāntiḥ）、灭类智忍（nirodhe'nvaya-jñāna-kṣāntiḥ)、道法智忍（marge dharma-jñāna-kṣāntiḥ)、道类智忍（marge，nvaya-jñāna-kṣāntiḥ)。八智为：苦法智、苦类智、集法智、集类智、灭法智、灭类智、道法智、道类智。在唯识说中，则把五位中的第三位通达位作为见道位。五位即资粮位、加行位、通达位、修习位、究竟位。

忍，梵语又作 kṣamā，见 MAV.adhivāsana，dbhyupagama，kṣama，pramarṣ ayat，marṣaṇa，见 MSA.

【经文】

何以故？须菩提，以诸菩萨不受福德故。

须菩提白佛言：世尊，云何菩萨不受福德？

须菩提，菩萨所作福德，不应贪著[①]，是故说不受福德。

【注释】

①贪著：贪，贪欲、贪爱。巴利语为 rāga，见《杂阿含》卷十五㊅2，103 页；SN. 11，p. 101.《俱舍论》卷十九；AK.V，1.《佛所行赞》卷三㊅4，26 页；Buddhac. XIII 61. 梵语为 abhidhyā，见 AK. IV，65；69；70;77；82. lobha，见 AK.IV，70. tṛṣṇā，见《百五十赞》四十九颂。abhi-pra-narth，见《百五十赞》十四颂。raakta，见 Mvyut. 2191.rāga，即“对生存和享乐的耽著与追求”(bhava-bhogayoradhyavasānaṃ prārthanā)。又为三毒之一，三毒即贪(rāga)、瞋（dveṣa)、痴（moha)。在阿毗达摩中为心作用中的不定地法之一，梵语为 sakti，见 AKV.p.132. rāga，见 AKV.p.132. 著，执着。贪著即执着于贪欲或贪爱。巴利语为 giddhā，见《义足经》

㊅4，179页。Sn.809. 巴利语又为giddhi-lobha，见《中阿含》卷五十五㊅1，773页；MN.I.p.360. saṅga，见《百五十赞》二十二颂。lolupa，见Bodhis.p.6.abhidhyā，见AKbh. parigardha，见Bodhis.p.171. kṛpaṇa，见MSA.

【经文】

须菩提，若有人言：如来若来，若去，若坐，若卧，是人不解我所说义。

何以故？如来者，无所从来，亦无所去，故名如来。

须菩提，若善男子、善女人，以三千大千世界碎为微尘[①]，于意云何？是微尘众[②]，宁为多不？

须菩提言：甚多，世尊。何以故？若是微尘众实有者，佛即不说是微尘众。所以者何？佛说微尘众，即非微尘众，是名微尘众。世尊，如来所说三千大千世界，即非世界，是名世界。

【注释】

①微尘：肉眼所能看见的最小的东西，非常微细的物质，亦即原子。梵语为rajas，paramāṇu，在本经中鸠摩罗什把rajas首次译为微尘，以后汉译多用此译，同经藏译为rdul phra rad，则把rajas与极微（paramāṇu）视为同义语了。paramāṇu-rajas，paramāṇu-raja，见《法华经·寿量品》㊅9，42页；SaddhP.p.269.《华严经》卷三㊅9，410页；《中论释》㊅30，1页。

②微尘众：原子的集合体。梵语为paramāṇusaṃcaya.

【经文】

何以故？若世界实有者，即是一合相[①]。

【注释】

①一合相：即把所有现象融合成一种形相，或者执着于把所有事物视为一体，并认为此即实体。梵语为 piṇḍp-grāha.

【经文】

如来说一合相，即非一合相，是名一合相。

须菩提，一合相者，即是不可说[①]。

【注释】

①不可说：即不能用语言表达之意。梵语为 anabhilāpya，见本经。nirabhilāpya，见 Laṅk.《法华玄义》㊅33，687 页。

【经文】

但凡夫之人，贪著其事。

须菩提，若人言佛说我见、人见、众生见、寿者见，须菩提，于意云何？是人解我说义不？

不也，世尊，是人不解如来所说义。何以故？世尊说我见、人见、众生见、寿者见，即非我见、人见、众生见、寿者见，是名我见、人见、众生见、寿者见。

须菩提，发阿耨多罗三藐三菩提心者，于一切法，应如是知，如是见，如是信解，不生法相[①]。须菩提，所言法相者，如来说即非法相，是名法相。

【注释】

①法相：有下列几种含义：

1. 各种现象的特质，见《俱舍论》卷一。梵语为 dharma-lakṣaṇa，见 AKbh.p.2.

2. 事物的概念，梵语为 dharma-saṃjñā，见本经。小乘佛教主张“人无我”（pudgala-nairātmya），即主张人是由五蕴和合而成，故无作为实体的灵魂（ātman）存在。与此相对，大乘佛教则主张“法无我”（dharma-nairāmya），即主张一切皆依缘起而生，并无实体。法有多种含义，此处不妨解作“实体”。

3. 清净之教的特质，如“诸法相”（dharmabahū viśuddhāḥ），见《法华经》卷一㊅9，8 页；SaddhP.p.46.《正华经》中为“经法无数清净”。

4. 一切事物的真相，诸法本性，真理的特质。见《维摩经》㊅14，537，556 页。梵语为 dharmatā，见鸠摩罗什译《小品般若》；Aṣṭasāhasrik ed by Wogihara，p.88;540.

5. 诸法差别之相。

6. 各种存在的现象。

7. 教义的纲目。梵语为 dharma-gati，dharma-grāha，见 Laṅk.

【经文】

须菩提，若有人以满无量阿僧祇世界七宝，持用布施。若有善男子、善女人，发菩提心者，持于此经，乃至四句偈等，受持读诵，为人演说，其福胜彼。

云何为人演说？

不取于相，如如[1]不动。

【注释】

①如如：真相，与真如同。无生灭变化之物。五法之一。五法为名（事物的假名）、相（事物的色相）、妄想（分别虚妄的想念）、正智（正见之智）、如如（不变不异之真如），见《杂阿含》卷十六㊅2,110页；《华严经》㊅9,426页；《楞伽经》㊅16, 631页。梵语为tathatā，见Laṅk.MAV. tathātva，见Laṅk.tattva，tathāta，见MAV.

【经文】

何以故？

一切有为法，如梦幻泡影，

如露亦如电，应作如是观。

佛说是经已，长老须菩提及诸比丘、比丘尼、优婆塞[1]、优婆夷[2]，一切世间天、人、阿修罗，闻佛所说，皆大欢喜，信受奉行。

【注释】

①优婆塞：男性在家信徒。原为印度各种宗教的通用名称，佛教兴起后亦沿用此称。巴、梵皆为upāsaka，见《游行经》㊅1，15页；MPS. 111，8.《那先经》B㊅32，696页；Mil，P.P.31.《十诵律》

㊅23，10 页；《维摩经》㊅14，637 页；《宝性论》㊅31，828 页。

②优婆夷：女性在家信徒。巴、梵皆为 upāsikā，见《五分戒本》㊅22，196 页；Aniyatal，2.《游行经》㊅1，15 页；MPS. 111，8.《五分律》卷十五㊅22，103 页；《十诵律》㊅23，10 页；《那先经》A.B ㊅32，701，716 页。此外，有人认为此词为梵语 upāsikā 的俗语形 uvāyi（kā）的音译。

金刚般若波罗蜜经全译

金刚般若波罗蜜经全译

（白话全译）

我曾亲自聆听佛的教导。

那时候，佛住在舍卫国的给孤独长老买下并献给佛的、原王子的林园中的祇园精舍里。跟佛在一起的高僧有一千二百五十人之多。

那天上午，受人们尊敬的佛，在该吃饭的时候，穿上袈裟，拿上乞食用的食具——钵，到当时繁华的舍卫国大城。佛在城里挨家挨户乞满钵盂后，回到住所。吃完斋饭，收拾好袈裟和钵盂，洗完脚，铺好坐垫后，盘腿端坐。

这时候，有一位德高望重的僧人须菩提，从打坐的僧人中起身。他袒露着右肩，在佛祖面前，用右膝着地跪下，两手相合于胸前，十分恭敬地对释迦牟尼说："世上少有的受人尊敬的人，我佛修行完满的如来，善于爱护各种能够有成就的修行者，善于嘱咐他们。受世人尊敬的佛，如果有教养的青年男女信徒立下追求无上正确的、智慧的、完全的佛果之心，那么他们应当怎样保持住真诚的心性？怎样降伏那充满烦恼的世俗之心呢？"

释迦牟尼听了后，回答说：“问得好，很好。须菩提，如你所讲的那样，如来佛善于爱护各种有成就的修行者，善于嘱咐他们。你认真地听我讲，我应当为你解说。有教养的男女信徒立下了追求无上正确、智慧、完全的佛果之心，应当这样保持住真诚的心愿，降伏那原本是充满了烦恼的世俗之心。”

“那么，受世人尊敬的佛，我们愿意荣幸地倾听您的教导。”

释迦牟尼告诉须菩提说：“各位有教养的信徒和发大愿、存大志的高贵的信徒们，应当像我所说的来降伏世俗的烦恼之心。世间一切生物，其诞生的方式可分为四种：或由卵而生，或由母胎而生，或由湿润而生，或由自然而生；好比有形体、色身的生物，无形体、非物质的生命；有意识、有情感的生命，以及进入没有任何思想状态的生命；还有既好像没有意念活动，又好似还具有感念的众生们。我都能使他们进入完全脱离了肉体或形体束缚的状态，到达消除了一切烦恼而获得永远平安、寂静、美妙绝伦的彼岸世界。尽管我救度了许许多多、形形色色的众多生灵，但在实际上并没有使他们到达彼岸的境界。”

“为什么呢？须菩提，因为菩萨（即那些发大愿、有教养的信众）如果心存自我的形相，别人的形相，众生们的形相，个体、生命的存在形相，那么这些发大愿、有教养的信徒也就不能成为菩萨。”

“还有须菩提，菩萨对于现实世界与彼岸世界存在的一

切都应没有执意的要求。在进行心志引导和物质给予时，对于有形态、有情态的物质，有声的东西，散发的清香，感觉的喜悦，接触后的各种体味，凡此种种都应当心地纯清，一视同仁地进行。须菩提，有教养的心志诚笃的信徒应怀着平等对待一切的心念进行心志引导和给予，不取决于事物的形象与个人的感受。”

“为什么呢？菩萨如果不根据事物的一切外在形象进行布施、给予，那么由这种善行而得到的福益是无法估量的。”

“须菩提，你认为如何呢？那辽阔东方的空间是可以想象并度量的吗？”

“不，不能够，受世人尊敬的佛祖。”

释迦牟尼接着连续发问道：“须菩提，那东南、西南、东北、西北四个方位的广大空间是能够想象到并准确度量的吗？”

须菩提又回答说：“不，不可以，受世人尊敬的佛。”

“须菩提，志诚而又有修养的信徒不以事物的外部形象和自身感受而进行精神与实际的给予，这种善行而得到的福益也就如无际的宇宙空间是无法想象和人为地加以度量的。”

“须菩提，立誓而有修养的信徒应当如我所教导的心境才能永远保持自己的志愿。”

“须菩提，你认为如何呢？是否能够根据佛陀的身体特征来理解佛的本质和心性吗？”

须菩提回答说：“不能够，受世人尊敬的佛。不能够从如来佛祖的各种身体特征上认识佛祖。为什么呢？其原因在于，如来佛的身体特征，并不是广大的永恒的，不能反映出佛祖无法估量的心性。”

释迦牟尼告诉须菩提：“一切外在的形态、特征，都不过是虚幻妄念。如果能够看透一切所有的外在特征并非实际、充实的形态，才可以说是认识、体察到如来佛祖的真正的相身。”

须菩提对释迦牟尼说：“受世人尊敬的佛，您之后，那些将来的众多人们，如果听到了您所讲的语句，是否能认为是真实的，并形成信仰呢？”

释迦牟尼告诉须菩提说：“不能这样说。在我去世后五百年，会有保持心底澄净、行善积德的人，他们能够从我的语句中产生信仰，坚信不疑。应当明白这些人，不仅仅是在一佛处、二佛处、三四五佛处种下了善念的根苗，而是在无法统计的，千千万万的佛的境界里，种下了各种善缘的根苗。因此如果听了我的语句，就会在自然的刹那意念中产生纯洁的信仰。须菩提，我以自己的感知和预见，了解到这些人们会得到无法计量的善果与功德。”

“为什么会这样呢？因为所有的这些人们不再着眼于自己的形态、他人的形态、生命的形态，没有一切现象存在的形态，同样也没有对不具有各种存在形态事物的见解。为什么呢？因为这些人们，在认识上取决于事物的形态，那么他们就会着意于自己的状态、他人的状态、众生们的状态、生命长短的状态；如果在理解上取决于一切现象存在的形态，那么必然会取舍于我的状态、别人的状态、大家的状态、生命形式的状态。为什么这样说？这是由于如果在心灵上有非现象的形态，即非物质形式的各种念头，也仍然会执意于自己的、他人的、大家的、生命存在的形态。”

“正是由于上述的原因，所以不应当执意寻求一切事物的表象，即外部的形态，同样也不应当执意寻求对没有外部、表象形态的一切现象的断然否定。”

“正是基于上述的讨论，佛才经常对大家讲：你们这些信徒，应当了解我所讲的法，即事物保持自身存在的本质，都只是像为渡河而乘坐木筏一样，只是为教导大家修行的方法，不能把手段、方法与目的混为一谈。连佛法都应当能够了无其实，何况那些本无形态的一切事物呢？”

“须菩提，你是怎样理解的呢？如来得到了正确、智慧、完全的佛果之心吗？如来有没有说过确定的法呢？”

须菩提回答说：“如果按我所理解的佛所讲的义理，没有确定的法被称为正确的、完全的、智慧的东西，同样也没有确定的法，这样如来也一无可说。为什么呢？由于如来说的佛法因人因事因时不同，只能参悟，不能照搬，不可以说教，也不是本质的、不变的、确定性的，但又并非没有佛法。为什么如此呢？由于任何才能和品德出众的人，都会在参悟无生灭变化，绝对存在的境界中表现出相互品性的差别来。”

释迦牟尼问：“须菩提，你怎么看？如有人将整个宇宙中的七类珍宝都用来施舍于人，这个人所得到的福分美德难道不多吗？”

须菩提马上回答说：“很多，受世人尊敬的佛。为何呢？因为这种福分和美德并不具有福德的本质，是可以估量的。所以如来佛才说得到的福分美德很多。”

释迦牟尼进一步指出：“如果还有人，受到本经文的教导并牢记不忘，即使为别的人只讲解了由四句构成的偈颂或经文，那么他所得到的福分和美德也胜过将所有的珍宝施舍给别人的那个人。”

“为什么呢？须菩提，一切诸佛以及他们追寻正确、智慧、完全的佛果之心，都是根据对此经的顿悟而得以成就的。”

“须菩提，要明白所谓的佛法，即本质所在，不是佛经的语句，不是表面的、形式的东西。”

“须菩提，你认为怎样？达到修道四个阶段中的第一个阶段，即初入圣道的信徒能不能有这样的想法：我已得到了初果，即第一阶段的品位了吗？”须菩提回答说：“不能，受世人尊敬的佛。为什么呢？第一个阶段被称为入流，即刚成为圣者，他断绝了俗念，进入了无各种情态的境界，因而没有什么流可以入的。不让形态、声音、香气、味觉、感觉以及事物的现象进入心境之中，因此才能称为入流，即初入圣道的人。”

“须菩提，你认为如何呢？进入修道第二阶段，即一往来的修道者能不能有这样的想法：我已得到了二果，即第二阶段的品位了吗？”须菩提回答说：“不能，受世人尊敬的佛。为什么呢？第二阶段，即二果被称为一次往来，但心念已虚无，所以并无什么往来可言，这就被称为一往来，即到达第二阶段的圣人。”

“须菩提，你认为怎样呢？进入修道第三阶段，即不来的修道者能否有这样的想法：我已得到第三果，即第三阶段的品位了吗？”须菩提回答说：“不能，受世人尊敬的佛。为什么这样说呢？第三阶段，即第三果被称为不来，即不返回迷惑的世界中，已断绝欲念，然而他并不是真正的不来了，因此被称为到达第三阶段的圣人。”

“须菩提，你认为如何呢？进入修道第四阶段，即罗汉的修道者能否有这样的想法：我已得到第四果，即最后的品位了吗？”须菩提回答说：“不能，受世人尊敬的佛。为何这样说呢？因为从实质上并没有称作阿罗汉的事物。受尊敬的佛，如果阿罗汉有这样的想法：我已得到了第四果，即我已达到阿罗汉的境界，那说明他仍未脱欲念，仍然执意于自己的形态、他人的形态、大家的形态、生命表现出的形态。受世人尊敬的佛，你说过我已达到了与人无争的境地，在所有的修行者中是心中最无迷惑的人，是众僧中排在第一位的脱离了欲念的阿罗汉。受世人尊敬的佛，我就没有这样的想法：我已是一位脱离了一切欲念的阿罗汉。受世人尊敬的佛，我如果想：我已得到了阿罗汉道，即修行圣者的境界。那么受世人尊敬的你就不会说我是乐于在僻静山林茅舍里修行的信徒了。因为我已经心境澄静，不再有情态、物态，所以无所谓于修行，只有称呼为须菩提，这才是乐于在僻静山林的草庐中进行的修行。”

释迦牟尼告诉须菩提："你怎么看呢？如来在过去世时，在燃灯佛生时，跟他证法澄念，如来得到本质的东西了吗？"须菩提回答："没有，受世人尊敬的佛。如来在过去世，作为一位儒童在燃灯佛处对于法的修行并不存在绝对的得与不得，因此在实质上并不存在得到了什么。"

释迦牟尼又问："须菩提，你认为如何呢？有教养的信徒建立佛的世界即净土吗？"须菩提回答："不呀，受世人尊敬的佛。为什么呢？高贵有教养的信徒已不为物的形态所动，视一切为虚幻，因此建立佛的净土，在实际上并未去建立什么，只是称作为庄严或建立罢了。"

"所以，须菩提，各位信众和发有大愿的信证者都应当产生无烦恼的澄静之心。不能着力于有形有色的事物，不执意于语言、声音、味道、感觉以及意识所思虑的一切，应当对这些不执着，并产生脱离烦恼的清澈之心。"

"须菩提，好比有人，他的身体像高耸入云的妙高山，你如何看呢？这样的身躯高大不？"须菩提回答："非常大，受世人尊敬的佛。为什么呢？正如佛祖所说：身体的形态并不是真正本质意义上的身体，所以称其为大，只是相比较的称呼罢了。"

"须菩提，再譬如浩荡奔腾的恒河中的所有沙粒，如果把这每一粒沙子都化为一条流淌的恒河，在你看来如何呢？似如此数量的恒河中的沙粒数量，是不是很多呢？"

须菩提回答说："真是多极了，受世人尊敬的佛。如恒河中沙粒数量的恒河，已经多得数不清了，更何况如此数量恒河中的沙子粒的总数了。”

释迦牟尼说：“须菩提，我今天如实地告诉你，假如有男女信徒将如所有恒河沙粒数量的宇宙空间中所有的珍宝都拿来布施于人，你认为这样得到的福分美德多不多呢？”须菩提回答说：“非常多，受世人尊敬的佛。”释迦牟尼告诉须菩提：“如果男女信徒对于这本经中即使只领受并奉行了由四句组成的诗颂，并能够为别人讲解，从而由此得到的福分和美德，也会胜于前面所讲的布施珍宝的人所得到的福分和美德。”

释迦牟尼又接着讲：“还有须菩提，凡是讲授本经，即便是只宣讲了四行诗句。在讲授的地方就好比在佛刹塔庙中一样，世上的所有信众都应当尊敬地供养他。更何况有的人能完全修悟本经的义旨，熟读于心并加以讲授。那么应当认识到，这样的人已经成就了无与伦比的佛学之法。凡是本经所在的地方，就有佛在。同样也有尊贵持成的佛之信徒。”

这时候，须菩提向释迦牟尼发问道：“受世人尊敬的佛，应当如何称呼本经呢？弟子们又如何领会并信守呢？”释迦牟尼告诉他：“本经名为《金刚般若波罗蜜经》。它是斩除一切烦恼、邪恶，获得澄静境界的思想法宝，所以对这个名称，你们应当信守并领会。为什么呢？须菩提，佛讲通过智慧达到清澄，即不是到达认识彼岸的智慧，只是称之为通过智慧达到彼岸世界的认识罢了。”

“须菩提，你如何看呢？如来有没有讲授经与法？”须

菩提回答说："受世人尊敬的佛，你其实并没有讲经授法。"

释迦牟尼问："须菩提，你以为如何？宇宙之中所有的微粒尘埃，多不多呢？"须菩提回答道："非常多，受世人尊敬的佛。""那么，须菩提，所有的微粒尘埃，在如来看来，只是肉眼所见的最小物质，并非是实质的东西，因此并非微粒尘埃，只是称呼其为微粒尘埃罢了；如来看十方的空间，过去、现在、未来的时间，并不是时间与空间的世界，只是称之为世界罢了。"

"须菩提，你以为如何呢？能不能用伟人所具备的三十二种瑞相即特征来认识如来佛呢？"须菩提沉吟片刻回答说："不能，受世人尊敬的佛。不可以用伟人们所具备的三十二种美好特征来认识如来。为什么呢？如来说过：三十二种形象特征，并不是本质的形象特征，只是称之其为三十二种美妙的特征。"

释迦牟尼问："须菩提，假如有男女信徒，以恒河之中沙粒那么多的次数把自己转世的生命都用来布施于人，那得到的福报多还是少？"须菩提说："会很多，受世人尊敬的佛。"释迦牟尼又接着答："如果有人能够领会奉行本经，即使只奉行四句诗颂，并能为他人讲授，使人彻悟，那么他所得到的福分和美德会比以生命布施于人的信众多得多。"

在这个时候，倾心聆听佛陀教诲、讲授《金刚经》，认真理解其深奥的理趣，正确回答了释迦牟尼引导式发问的高僧须菩提，倍受鼓舞，为昔日迷惑而悲，为今日顿悟而喜，感喟得泪流满面，并对释迦牟尼说："稀世仅有的受世人尊敬的佛，你所讲授的本经是十分深奥的经典，我修行以来，所悟到的洞察事物本质的智慧，从没有像今天听到的本经那样使人耳目一新，智慧无边。受世人尊敬的佛，假如有人倾听了本经，心诚意清，就会修悟出人世的真实和本性。应当知道，这样的人也就成为稀世少有的，成就了第一等的功劳美德。受世人尊敬的佛，是真实的本性，也就是没有本性、不是绝对真理，所以如来把其称呼为实相，即真实的本性。受世人尊敬的佛，我今天听到的这个经典，坚信、理解、接受、奉行起来，并不觉得困难。如果在未来的五百年后，如有信众能了解、倾听本经，坚信、理解、接受并奉行，那么这样的人就是第一等的少有的高僧。为什么呢？这样的人在意念中没有自己的形态、别人的形态、大家的形态、生命表现的形态。为什么能这样呢？因为眼见的自我形态，瞬间即有变，并非其真实的、本质的东西；而别人的形态，也同样不是其本质的形态；大家的形态与生命存在的形态，同此一理，并不具有他们本质意义上的形态。是什么理由呢？因为能够识别一切形态的本质，不执意于各种外在形态，就悟到了一切事物真实的本性，心念清澄，就会成佛，而各种佛的真义即在于此。”

释迦牟尼告诉须菩提说：“说得对，是这样的。”

又说：“如果还有人听了本经之后，不惊奇、不害怕、不畏惧，应当知道这样的人，是十分稀奇少有的人。为什么呢？须菩提，如来所说的通过布施到彼岸的脱俗境界，实际上并不是通过布施于人到达彼岸境界，只是称呼其为第一波罗蜜多即通过布施于人到达彼岸境界的诸多修持内容的第一项内容。”

“须菩提，说到忍辱波罗蜜，即达到彼岸境界的第三项修持内容，如来说它不是具有真实本质的忍辱波罗蜜，只是称呼它为忍辱波罗蜜。”

“为什么呢？须菩提，正如我过去修忍辱之行，被当时暴虐的歌利王用刀剑割、砍身体时，在那个时候，我的心中并没有自己的外部形态、别人的形态、众生的形态、生命存在的形态。为什么呢？如果在那个时候，当我的身体受到一次次地割、砍时，在自己的心中有自我的形态、别人的形态、众生的形态、生命存在的形态，就会产生怨恨。可是我不仅没有恼怒，反而从心中悲悯这个争斗之王，并最终使他忏悔不已，皈依佛门。须菩提啊，这又使我想起了五百世的前生，那时我进行忍辱仙人即由自发心到成佛阶段的修行，在那时的岁月中，我就已经没有自己的形态、他人的形态、众生的形态、生命存在的形态，进入心清意朗、旷远虚渺的境域。”

释迦牟尼接着讲道：“由于上述的原因，须菩提，菩萨即有教养发愿修行的信徒，应当脱离一切事物的外部、表面的形态，具有追求正确、智慧、完全的佛果之心。不应当着意于物态的各种表面形态，而产生心念；不应当对声音、品味、触觉、事物的一切表现与特征而发心念。如果心有所念，意留于此，那么就无法脱离欲念、恼怒，达到悟及真实本质的境界。”

释迦牟尼做一小结说："所以佛才说，菩萨之心，不应当着意于一切事物的外在形态来进行布施。"并强调说：

"须菩提，菩萨即有教养、高贵的信徒为了一切生灵的利益，应当不着意于外在形态而施舍于人。"

"如来讲的一切事物的外在形态，都不是其真实的本质。一切生灵，从其本质而言，也并非真实的生灵。"

释迦牟尼接着说："须菩提，如来是说真话的人，是讲实话的人，是如实讲话的人，是不讲假话的人，是不说虚伪话的人。"

"须菩提，如来所证悟的法，它既不存在，也没有实体的形态，但却是真实的，并不空虚。"

"须菩提，如果立志修行的信徒，执意于事物的外在形态来施舍于人，那么他就好比进入漆黑无比的暗夜之中，一无所见；如果发愿修行的人不着意于一切事物的外部形态而施舍于人，那么他就像是人有了明亮的眼睛，在阳光的照耀下，能看到一切事物的各种形态。"

"须菩提，在未来的世界里，如果有立志修行的男女信徒，能够接受本经的教导、永记于心，读与讲常不绝口，那么如来就能以佛的智慧全部了解这样的人，从整体上、本质上看到这些人，他们都将能够成就数之不尽的善行与善心，得到福分和美德。"

"须菩提，如果有发愿修行的男女，在清晨以恒河中沙粒那么多数量的身心性命来施舍于生灵；中午时又以恒河中沙粒那么多数量的身心与性命来施舍于人；晚间时候再以如

恒河中沙粒那样数量的身心生命来布施于世。像这样经过无穷尽的百万、千万亿的回转岁月，都从不间断地布施下去。那么如果有人听到了《金刚经》，坚信不移，决不谤佛，他获得的福分要超过以身体、性命布施的人。更何况那些能著书立说、传播真谛、接受教义、口授心传、为后学者讲经疏导的人，获得的福分更胜过发愿事佛的人。”

“须菩提，一言以蔽之，本经具有它不可思议、不可估量、无边无际的善行善心。”

释迦牟尼又进一步讲授说：“《金刚经》是如来佛为启发立志修行、彻底解脱、达到彼岸境界的修行者所讲解的，是为发愿修行达到最高之教、最上之乘即佛乘的信众所传授的。如果有人能接受教导、永志不忘、心领神会、解经注疏、弘扬真谛，如来不仅能全部了解这样的人，而且能整体认识这样的人，这样的人得到的成就不可计算，不可度量，无边无际，会得到不可思议的善行善心。像这样的人才可以获得、证悟到正确、完全、智慧的佛果之心。”

继尔，释迦牟尼发问道：“为什么这样说呢？须菩提。如果是倾心于那无高尚理想境界的小乘法的人，由于他们执意于个人的认识、别人的认识、众生的认识、生命存在的表现，所以他们囿于成见，不能够听懂、接受、学习，从而心领神会，也无法为其他信徒们讲解。”

“须菩提，无论在任何地方，只要有本经，任何世间物类、人类、争斗鬼神修行者都应当诚心地供奉。应当知道，有《金刚经》的地方就是有如来舍利宝塔的地方，应向右绕塔三周表示恭敬，并把各种莲花和清香的花枝散布在其处。”

“还有，须菩提，如果有发愿修行的男女信徒，接受本经的教导，阅读领会，但仍然受到人们的轻视，这是由于他们前世所造的罪恶，应当堕入地狱、饿鬼、畜生这三条恶道，转世必然受到人们的轻视，只能处在低贱的地位。但若信奉本经，虽然今生贫贱，也能消除前世的恶业，获得至高无上的、智慧的、正确的佛果。”

“须菩提，这使我想起那漫长而不可计量的亿万年前的岁月里，在燃灯佛之前，我曾供奉过八十四万千亿个佛，对于这些佛，我全都尊敬地供奉着，从未轻慢过一个。如果有人在末世之中，即在一万年后的佛法衰微之世，能够接受教导、心领神会、阅读朗诵《金刚经》，那么他所得到的善行善心之功德，与我供奉众多佛的善行相比，我不及他的百分之一，甚至不及他的千万亿分之一，以至于无法用可以数计的譬喻，来说明我不及他所获如此之多功德的分毫。”

“须菩提，如果有修行的男女信徒，在以后的末世之时能接受、理解、阅读、领悟《金刚经》，他所得到的善行善心，我如果全部详尽地讲出来，或许有人听到后，感受到心神不定，思维狂放混乱，以至于疑窦丛生，难以相信。”

“须菩提，应当知道《金刚经》的理义是不可思议的，信奉它得到的结果与报应也是不可思议的。”

这个时候，须菩提对释迦牟尼说：“受世人尊敬的佛，诚心修行的男女信徒，证悟正确、智慧、完全的佛果之心，应当怎样稳定他们的意愿呢？怎样来降伏他们充满世俗人生烦恼的心念呢？”释迦牟尼告诉须菩提说：“发愿的男女信徒，追求正确的、无上智慧的、完全的佛果之心的人们，应当具有这样的心志：我应当使所有的人都能悟及彼岸世界的境域，当普度众生，脱离了俗世的烦恼之后，又并不认为有任何一位生灵是由我点化、引导，以至于顿悟人生谛的。”

“为什么呢？须菩提，如果高贵有教养的信徒心中有自我的形态、他人的形态、众人的形态、生命存在的外部形态，那么他就不是真正的有修养的信徒。为什么这样说呢？须菩提，因为实际上，并没有也无所谓有法，也不存在发愿悟得正确、智慧、完全的佛果之心的信众。”

“须菩提，你是怎样认识的呢？我当年修行时在先师燃灯佛那里，得到了圣明而智慧，正确而完全的佛果吗？”

须菩提回答说：“没有，受世人尊敬的佛。正如我所理解的您所讲授的经典，佛陀在师从燃灯佛时，并没有得到无上正等正觉，即正确、完全、智慧的佛果。”

释迦牟尼满意地连连说道：“说得对，说得好哇。”并接着说道：

“须菩提，在实际上如来并未得到无上圣明的、智慧而完全的佛法。”

“须菩提，如果如来认为有所谓事物保持自身存在的本质意义的法，并以为得到了正确、完全、智慧的佛果，那么燃灯佛就不会给我关于在来世获得最高证果的预言：‘你会在未来的来世中成为佛，法名叫释迦牟尼。’这是为什么呢？因为如来的本意，就是如意地与诸法一致，达到最高的智慧。”

“如果说如来得到了正确的、智慧完全的佛果，须菩提，实际上并无自身存在的本质的东西，我也未得到什么至高无上的智慧，也未通过修行得到完全的、实质性的果实。”

释迦牟尼说：“须菩提，如来获得的正确、完全、智慧的佛果，就其本身来说无所谓实，也无所谓虚，不能视其为现实的东西，也不能视其为虚妄的东西。所以说如来所讲授的任何法，也都可以说是佛法。”

“须菩提，我所说的一切法，都不是具有一切事物本质意义的法，就是说不是具有真实性的，只是称为一切法、佛法罢了。”

释迦牟尼提示道：“须菩提，就譬如说人体的高大。”话未展开，须菩提就省悟了，接着说道：“受世人尊敬的佛，你说人的身材高大，并非具有本质意义的高大，只是称之为高大罢了。”

释迦牟尼对弟子的渐趋彻悟十分欣慰，继续宣讲说：“须菩提，菩萨即那些有教养的信众也是这样。如果有高贵、有修养的信徒说：‘我将救护那些在世间烦恼的一切生命，使他们达到彼岸世界。’那他就不能称为菩萨。”

“为什么这么说呢？须菩提，这是由于那些发大愿修行佛果的人，并不存在自身的形态和修行得到的佛果，只是称其为菩萨罢了。”

“因为佛祖说一切法都没有自己的形态、别人的形态、大家的形态、生命存在的形态。”

“须菩提，如果菩萨即发大愿修行佛果的人说：‘我将建立佛国的地域。’那他就不能算作菩萨。”

“为什么呢？如来说建立佛的国土，并非建立什么佛国，而只不过是称呼其为庄严佛土罢了。”

释迦牟尼说：“须菩提，如果菩萨真正领会心悟我是本无所谓有自己的修法，如来才能认为他是真正的菩萨即高贵而有教养的修行者。”

释迦牟尼连续向须菩提发问道：

“须菩提，你是如何认为的？如来有没有肉眼呢？”

须菩提回答：“是的，受世人尊敬的佛，如来有人们的肉身之眼。”

“须菩提，你是如何认识的？如来有没有天眼，即洞察一切的超人之眼呢？”

须菩提答道：“是的，受世人尊敬的佛，如来有天眼，即普通人所看不见的神圣之眼。”

“须菩提，你是如何理解的？如来有没有慧眼，即洞察真理的眼力呢？”

须菩提马上回答：“是的，受世人尊敬的佛，如来有慧眼，即正确观察一切事物的眼睛。”

“须菩提，你是如何领会的？如来有没有法眼，即明察诸法的眼力呢？”

须菩提立即回答：“是的，受世人尊敬的佛，如来有法眼，即能洞察真理的眼光。”

“须菩提，你是如何领悟的？如来有没有佛眼，即透析事物真相的眼力呢？”

须菩提迅速说：“是的，受世人尊敬的佛，如来有佛眼，即对事物具有一见便知其本质的眼力。”

对上述回答很满意的释迦牟尼转而又问道：

“须菩提，你是如何看待的呢？好比恒河之中的所有沙粒，佛说它们是沙粒不？”

“是的，受世人尊敬的佛，如来曾说过它们是沙粒。”

释迦牟尼问：“须菩提，你是如何看的？如果计算出一条恒河中所有的沙粒数，并且有好比这么多沙粒数量的恒河，那么如果有像恒河中所有沙粒数量的佛世界的话，它们的数量难道不是很多吗？”

须菩提答：“非常多，受世人尊敬的佛。”

释迦牟尼告诉须菩提说：“在你回答的非常之多的佛国之中的众多生灵的各种各样、形形色色的心念，如来都能一览无余。”

“为什么呢？如来所讲的各种心态，并非是众多的人本质的心态，而是虚妄的、变幻的心态，只是将它称为心罢了。”

“根据什么这样说呢？须菩提，过去之心已经过去了，不能全部再现；现在之心在变幻着，也不能掌握；未来之心还在等待着，是虚妄的，也不能拥有。”

释迦牟尼发问说：“须菩提，你怎么看呢？如果有人将寥廓无际的宇宙中的所有珍宝都用来施舍于人。那么这样

的人，因为施舍于人的缘故，得到的福分与报答多不多呢？”

须菩提回答：“很多，受世人尊敬的佛，这样的人由于施舍于人的缘故，得到的福分与报答是非常多的。”

“须菩提，如果福分和美德是真实的本质的东西，如来就不会说施舍于人的修行者得到的福分和美德很多。由于所谓的福分与美德并非本质的、有根据的真实存在，所以如来说能得到很多福分和美德。”

“须菩提，你是怎么领会的呢？是否可以从佛完美的各种身体特征来认识他呢？”

须菩提回答：“不可以，受世人尊敬的佛。如来不应当从完美的各种身体特征来认识。为什么呢？因为如来说完美的各种身体特征，从本质上看，并不是真实的完美的各种身体特征，只是称呼他为完美的各种身体特征罢了。”

“须菩提，你是如何认识的呢？如来可以通过作为人体的全部外在形态来认识吗？”

须菩提回答说：“不可以，受世人尊敬的佛。如来不能够通过作为人体的全部外在形态来认识。为什么呢？这是因为如来说的作为人体的全部外在形态即外表，从本质上讲都是不真实的，并非真实、本质的形态，只是称它为全部的表现形态、外在面目罢了。”

释迦牟尼进一步提示说：“须菩提，你不要认为如来有这样的意念：‘我当然要讲授佛法。’不能有这样的认识。为什么呢？如果有人说如来讲授了佛法，那就是对佛进行诽谤。是没有能够理解我所讲授的真谛的缘故。”

“须菩提，所谓讲授佛法，但在实质上并无法可说，只是称之其为说法。”

这个时候发愿以生命修行无上智慧的高僧须菩提对释迦牟尼说：“受世人尊敬的佛，那些在未来之世的人们，听到您所讲授的佛法，能够领会和相信吗？”

释迦牟尼说：“须菩提，他们并不是具有本质意义的众生灵，也并非不是众生灵。为什么呢？须菩提，所谓众生灵，不过是各种因素、条件，即因缘形成的众生，如来说并不是众生，即并非真实的本质的东西，只是称之为众生罢了。”

须菩提向释迦牟尼问道：“受世人尊敬的佛，如来佛修得无上正确、完全、智慧的佛果，在本质上并没有所得吗？”

释迦牟尼回答：“说得对，就是这样。须菩提，我对于无上正确的、完全而智慧的佛果一无所得，甚至于连一点佛果也没有修证到，只是称作为无上正确的、完全而智慧的佛果罢了。”

释迦牟尼说：“还有须菩提，事物本质的东西是平等的，并没有高下、尊卑之分，只是把对事物真实的、本质的认识称作为无上正确、完全而智慧的佛果。在认识上要不把自己的一切、他人的一切、众人的一切，生命存在的一切执意于心，即能够彻底摆脱世俗的观念，达到清澄旷远的境界。”并接着讲道：

“通过修行一切顺乎道理并利己利他的善事，就能够顿悟修证到无上正确的、完全而智慧的佛果。”

“须菩提，我这里所讲的修行一切顺乎道理并利己利他的善事即所谓善法，如来同样说它并不是什么善法，并非具有本质的真实的事物，只是把这叫作善法。”

释迦牟尼说：“须菩提，如果把十亿个世界中的十亿座最高的山峰组成一体，有人把像这么巨大山体同等数量的所有珍宝，都用来施舍于人。同样如果有人用本经，即使只接受其中四句诗颂的教诲并心领神会，阅读朗诵并对别人进行解说，那么施舍于人巨大财富的所获得的福分和美德，不及他的百分之一,万分之一，亿分之一，亿亿分之一，以至于用任何数量的譬喻都不能反映出两种所获福德之间的天壤之别。”

“须菩提，你是如何认识的呢？你们不要认为如来有这样的意念：‘我应当去普度众生。’须菩提，不能去这样想。为什么呢？因为并无真实即具有本质意义的众生，所以如来也没有普度或超度过任何人。”

释迦牟尼接着解释说：“如果有具有真实意义的人们需要如来救度的话，那么如来自身就执意于自己、别人、众生、生命的表现等形态，也就是有世俗认识的常人了。”

“须菩提，如来讲有自我，就是没有具有本质意义的自身。只是在那些世俗的人们看来，才会有由各种机缘即因素结合而表现的，并无本质意义的自我罢了。”

“须菩提，所谓世俗的人，如来说并非平常的凡夫俗子，并非是真实的、具有本质意义的人，只是叫作世俗的普通人罢了。”

“须菩提，你是如何认为的呢？如来的形象可以通过完美的三十二种身体特征来认识吗？”须菩提回答：“是的，是这样的，可以通过三十二种完美的身体特征为认识如来。”

释迦牟尼接上他的话，把上述问题进一步引向更深入的探究之中。释迦牟尼说：“须菩提，如果能够从完美的三十二种身体特征来认识如来的话，那么在神话中以正义征服并统治天下的转轮圣王，他也具有三十二种完美的身体特征，如此说来，转轮圣王就是如来了。”

须菩提沉思片刻后对释迦牟尼说：“受世人尊敬的佛，如果按照我对您所讲授的要义的理解，不应当以三十二种完美的外部身体特征来认识我佛如来。”

这时候释迦牟尼随口颂出四句别偈：

若以色见我，以音声求我，
是人行邪道，不能见如来。

就是说：如果有人以各种身体的外在形态来认识佛，以表现心愿的声音来祈求我。这样的人行走在错误的道路上，是永远不能够修行到佛果的。

为了不使僧众在诸相，即外在形态；佛法，即事物存在的本质、自身的规律这二者之间执着于一，或者说产生偏执的理解，释迦牟尼耐心而循循善诱地说：

“须菩提，你如果有这样的想法：‘如来并不是由于具备了所有美好的身体形态，获得了无上正确、智慧而完全的佛果。’须菩提，不应当这样来想。认为如来可以不具有完美的表现形态，证悟获得无上正确、智慧而完美的佛果。须菩提，你如果这样理解：‘发愿追求无上正确、完全而智慧的佛果的信徒，可以说事物保持自身存在的本质、规律、相互联系等都是虚妄的，不存在的。’不能这样理解，为什么呢？发愿修行无上正确、完全而智慧的佛果的人，对于一切事物赖以保持存在的本质不说它是不存在、虚妄的，即尽管事物的表现之相并非真实、本质，但仍有外在的形态、特征。”

释迦牟尼在引导众僧对佛法及本质与表征形态都不应领会为非此即彼、断然偏执的取舍后，又接着发问：

“须菩提，如果有高贵、有教养的信徒以恒河沙粒数量那么多的世界里的全部珍宝都拿来施舍于人。如果还有人知道一切事物存在的本质都表现为不断的演化，没有一定的不变的自身，并坚信不疑，永驻于心，那么这样的有高贵完美的修行者所修得的善行善果，超过前面施舍于人珍宝的修行者。”

“为什么呢？须菩提，这是由于一切证悟有得的有教养的修行者都不会去接受福分美德。”

须菩提向释迦牟尼发问说：“受世人尊敬的佛，为什么说菩萨即修悟有得的修行者不接受福分美德呢？”

释迦牟尼对他说：“须菩提，菩萨所作、修得的福分功德，都不应执意而为之，所谓事由因缘而成，但并非是其真实的本质，所作所为不仅成为过去，而且也在演变着，因此菩萨即有修养的修行者不会接受并不具有真实的本质特征的世俗者理解的福分美德。”

“须菩提，如果有人说：‘如来好像来了，又好像离去，好像在坐着，又好像在卧着。’这样讲的人是没有能够理解我所说的意义所在。”

“为什么呢？如来面对世俗之人、修行未彻悟的人，要显现出如来的一种外在形态，但其本身的实质却是澄明了无的，无所谓来，也谈不上去，如实亦如虚，由个人的修行或参悟来显化表现出来，正因为这样才称之为如来的。”

释迦牟尼在讲述了佛法与外在形态的关系后又发问说：“须菩提，如果有男女信徒，将三千大千世界即十亿个人所认识的世界碾碎为微小的尘粒，那么你怎么看？这些所有肉眼所能见到的最小的东西的数量多不多呢？”

须菩提回答说：“非常多，受世人尊敬的佛。为什么呢？如果这些微小的尘粒是真实的，佛就不会说微尘众多。为什么这样说呢？佛祖说微尘众多，就是并非微尘众多，它们并不是真实的、具有本质意义的尘粒，只是称之为微尘罢了。受世人尊敬的佛，您所说的三千大千世界即十亿个现实可知的世界也并不是真的具有本质意义的世界，只是把它叫作世界罢了。为什么呢？如果世界是真实地存在，那么它只是把所有现象融合而成的形象，这一整体是由其他个体的结合后而表现出的外在形态。如来说是所有事物的组合、构成，即并非是一个完整体，只是称之为一合相，即所有现象的结合体罢了。”

释迦牟尼说：“须菩提，这种事物融合后的现象、形态，

是不能简单地下结论的。世俗的人认为可感、可见的形态现实是实在的，因此就会产生占有、享用、贪念之心，以至忧患无边。”接着又发问说：

“须菩提，如果有人说佛在讲授中讲过关于自己的认识与形态、别人的认识与形态、众人的认识与形态、生命存在的认识与形态，那么须菩提，你是如何理解的呢？这样的人是否理解领会了我所讲授的经文、法旨的意义呢？”

须菩提回答：“没有，受世人尊敬的佛，这样的人没有理解如来所授法的意义。为什么呢？您说的自己的认识、别人的见解、众人的见识、对于生命存在的观念，只是指世俗之人所执意具有的认识，并非是真实、本质的自我，他人、众人、生命存在的见解，只是称之为自我的见解、别人的理解、众人的见识、生命存在的认识罢了。”

释迦牟尼又接着说：“须菩提，立志追求无上正确、完全、智慧的佛果之心的信徒，对于一切法，即事物保持自身存在的根本，都应当在无相即不着意于形态，无住即不视其为稳定不变的认识基础之上，不偏执地认识和领会，应这样去洞察事物，并信仰和理解它，对一切事物的形态、性质、理解上不生执意的想法，在心境中清澈而无一形态。须菩提，所谓的法相，即事物的形态、性质、含义等，如来认为它们并非不变、恒定、真实，并非具有本质，只是把它们叫作或称呼为法相。”

“须菩提，如果有人以满载的无边无际的空间和无数的异常久远的时间，即装满了的时空世界那样多的珍宝，都用来施舍于人。如果还有男女信众发愿修行无上智慧，能够学习本经，即使只接受四句偈颂，并心领神会，阅读背诵，并能对别人进行讲演解说，那么这些人所得到的福分胜过将众多财宝进行布施的人。”

“怎样才是为别人演讲解说呢？”

释迦牟尼设问自答道：

“不要取舍、执着于说者、听者外在的形态，而对于事物的本质、真相要按其没有生、灭变化来看待，修悟到虚空静寂的心境。”

“为什么呢？”

释迦牟尼口占一别偈，即一个四句的偈颂：

一切有为法，如梦幻泡影，
如露亦如电，应作如是观。

意即一切执意于事物各种表现形态，生、死、有、无等观念的人，应修悟出凡此种种都是非本质的，如梦幻似泡影，转瞬之间就会了无一物，也好似晨露、闪电稍纵即逝，在岁月的长河中未落遗痕，终了也不过是空空如也罢了。应当这样来看待各种事物的表现形态，到达消除一切烦恼的彼岸境界。

释迦牟尼讲授完这部《金刚般若波罗蜜经》后，长老须菩提，比丘即出家的男信徒，比丘尼即出家修行的女信徒，优婆塞即男性在家的信徒，优婆夷即女性在家的信徒，世界中的天神、人类、争斗的战神，凡此种种。听了如来佛的传法都皆大欢喜，相信、接受、供奉并且虔诚地进行发愿修行。

图书在版编目（CIP）数据

金刚经新解 / 荆三隆译；高杨注．— 西安：太白文艺出版社，2017.9
（三隆讲经堂 / 荆三隆主编）
ISBN 978-7-5513-0981-3

Ⅰ．①金…　Ⅱ．①荆…　②高…　Ⅲ．①佛经　②《金刚经》–研究
Ⅳ．①B942.1

中国版本图书馆CIP数据核字（2017）第186589号

金刚经新解
JINGANGJING XINJIE

作　　者	荆三隆　高　杨
责任编辑	陈　昕
特约编辑	苑浩泰
整体设计	灵动视线
出版发行	陕西新华出版传媒集团 太白文艺出版社（西安北大街147号　710003） 太白文艺出版社发行：029-87277748
经　　销	新华书店
印　　刷	北京旭丰源印刷技术有限公司
开　　本	960mm×640mm　　1/16
字　　数	190千字
印　　张	18
版　　次	2017年9月第1版　2018年7月第2次印刷
书　　号	ISBN 978-7-5513-0981-3
定　　价	68.00元